专项体育运动身体训练指导丛书

羽毛球运动 身体训练指南

黄 岩　　　　**陈天宇**　　　　**李杭杰**
北京市体育科学研究所　北京羽毛球队男队教练　北京什刹海体育运动学校

编 著

人 民 邮 电 出 版 社
北 京

图书在版编目（CIP）数据

羽毛球运动身体训练指南 / 黄岩，陈天宇，李杭杰
编著. -- 北京：人民邮电出版社，2020.5
（专项体育运动身体训练指导丛书）
ISBN 978-7-115-52766-0

Ⅰ. ①羽… Ⅱ. ①黄… ②陈… ③李… Ⅲ. ①羽毛球
运动－运动训练－指南 Ⅳ. ①G847.2-62

中国版本图书馆CIP数据核字(2019)第267922号

免责声明

内 容 提 要

优秀的身体素质是技术水平得以良好发挥的必要支撑。本书针对羽毛球运动提供了适合手臂、肩部与上背部、胸部、躯干、臀部、腿部进行的练习动作，同时以分步骤图解的方式讲解动作要点，并配有关键步骤的动作解剖图，以直观的方式呈现训练目标，帮助练习者有针对性地进行肌肉训练，有效提升运动水平。此外，本书针对每个训练动作都标注了注意事项、目标锻炼肌群，以及与羽毛球技术相结合的要点注释，适合想不断提高技术的羽毛球爱好者、专业运动员，以及致力于提升执教水平的教练员阅读。

◆ 编　著　黄岩　陈天宇　李杭杰
　　责任编辑　林振英
　　责任印制　周昇亮

◆ 人民邮电出版社出版发行　北京市丰台区成寿寺路 11 号
　　邮编　100164　电子邮件　315@ptpress.com.cn
　　网址　http://www.ptpress.com.cn
　　固安县铭成印刷有限公司印刷

◆ 开本：700×1000　1/16
　　印张：10　　　　　　　　　2020 年 5 月第 1 版
　　字数：163 千字　　　　　　2025 年 10 月河北第 19 次印刷

定价：49.80 元

读者服务热线：(010)81055296　印装质量热线：(010)81055316
反盗版热线：(010)81055315

目录

在线视频访问说明 iv

第 1 章 羽毛球运动专项身体训练简述 001

第 2 章 手臂训练 007

第 3 章 肩部与上背部训练 025

第 4 章 胸部训练 065

第 5 章 躯干支柱力量训练 085

第 6 章 臀部训练 105

第 7 章 腿部训练 123

第 8 章 快速伸缩复合训练 141

作者简介 156

在线视频访问说明

本书提供训练动作的教学视频，您可通过微信"扫一扫"，扫描书中的二维码进行观看。

步骤 1　打开微信"扫一扫"（图 1）。

步骤 2　扫描动作练习页面上的二维码。

步骤 3　如果您尚未关注微信公众号"人邮体育"，扫描后会出现"人邮体育"的二维码。请根据说明关注"人邮体育"，并在关注后点击"资源详情"（图 2），即可进入动作视频观看页面（图 3）。如果您已关注微信公众号"人邮体育"，扫描后可直接进入动作视频观看页面。

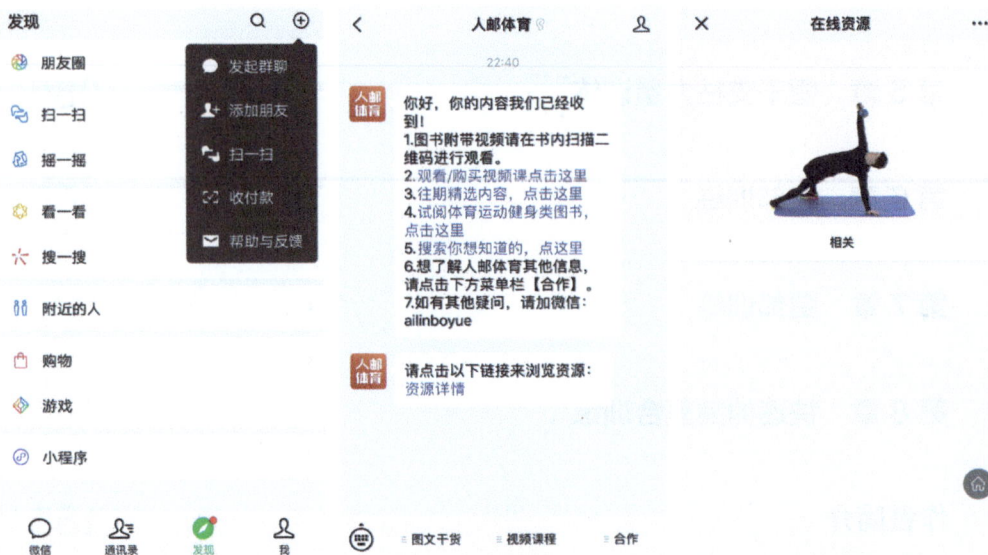

图 1

图 2

图 3

第 1 章

羽毛球运动专项身体训练简述

羽毛球运动是最受欢迎的球类运动之一，赛事多，受众群体广，尤其是在亚洲地域，羽毛球运动深受人们喜爱。和很多运动一样，发展的时间越长，该项运动的技术水平就越高，羽毛球运动也是如此。羽毛球运动发展到今天，优秀运动员之间在技术上的差距很小，如果想在球场上胜出，体能已经成为不可忽视的因素。好的体能配合过硬的技术，是取得优秀成绩的保证。目前体能已经成为现代运动训练中的重要组成部分，无论是技战术的发挥，还是降低受伤风险，或是稳定自信的赛场心理，都和体能息息相关。

羽毛球技战术的发挥，依赖于良好的体能水平。充沛的体能可以保证球员更成功地发挥技术和战术；若体能较差，在长时间的比赛过程中，动作的准确性和力度都会大打折扣，且容易出现失误。其次，良好的体能可以预防运动损伤。球场上，球员处于不停地跑跳、转身、急停等状态中，这些动作都需要肌肉做有力支撑，体力不支容易引起动作的失衡，进而可能引发关节扭伤和肌肉拉伤等问题。良好的体能还能带给球员足够的自信心，不会因体能问题造成过多失误，从而将比赛顺利进行下去。

从以前注重技术训练，到现在既注重技能训练，也注重身体素质训练，羽毛球在训练方式上有了很大改变。在进行具体的体能训练时，要安排一般体能训练，也要安排专项体能训练，两者互相结合，缺一不可。

一般体能训练，是所有运动的动力来源，是体能训练的重要组成部分，是其他运动素质的基础，也是预防运动损伤的重要基础。一般体能训练包括心理心智、身体机能、身体素质、动作质量和运动素质等；专项体能训练则结合了专项运动的特点，提升与专项有关的身体素质。在具体的训练中将两者结合，才能有针对性地提升运动表现水平。

羽毛球运动是双方参与的对抗性运动，这个对抗性是每次挥拍都会存在的，因此对球员的各种身体素质要求都很高。无论是挥拍、跑跳、击球等，都需要较高的爆发力，以及良好的速度、力量、耐力等身体素质；球的落点非常灵活，因此，球员需要有良好的身体灵敏性和协调性，这些都是羽毛球运动员所需的身体素质，并且决定了羽毛球运动身体训练的主要方向。

结合羽毛球挥拍多，球场上跑动多、跨跳多，以及比赛时间长、整体强度大的特点，可以通过进行一系列训练，最终使球员在力量、耐力、速度以及爆发力等方面，有较大的提升。

1.1 羽毛球运动身体训练要点

羽毛球运动的特点及身体训练重点

羽毛球运动是一个有自身特点的运动。首先，球员在整个赛程中都处于非常活跃的状态，一直处于短时高强度动作（例如起动击球）和短时间歇（等待来球）的交替过程中。羽毛球运动需要不断奔跑、起动、跨跳、蹬跑、击球等，身体处于不断变向、变速的移动中，同时还要完成急停、急转等动作。其次，羽毛球属于无时限运动，时间的长短完全取决于双方比分，比赛进行一两个小时都是正常的。羽毛球还是一项需要高爆发力的运动，场内的各种移动和很多技术的良好执行，都需要依靠爆发力才能完成，例如瞬间起动、抽球、杀球等。球的落点、线路都充满了变数，再加上球员处理来球的方式多种多样，因此球员的移动速度要快，身体要灵敏，动作要协调。

结合以上内容可知，羽毛球运动不仅需要速度、爆发力，也需要良好的力量、耐力，同时对身体的灵敏性、柔韧性也要求很高。而且在双打时，还要讲究与队友的配合，对球员在这项运动中的协调性和判断力有了更高的要求。因此在进行身体素质训练时，要围绕这些主要身体素质，结合羽毛球技术特点进行训练。

羽毛球运动所需要的身体素质及主要训练方法

◆ 力量训练

针对羽毛球运动，进行具体的力量训练时，可以从两方面进行：一般力量训练和专项力量训练。

一般力量训练着重于肌肉力量和肌耐力的训练，主要通过负重阻力训练来实现。此类训练中，肌肉在对抗阻力的过程中，刺激肌纤维增长，使肌肉在做功时能募集到更多的肌纤维。因此，比较适合用负重抗阻训练来提高肌力和肌耐力。

专项力量训练从专项的运动特点出发，按照专项的运动方式、肌肉收缩方式等尽可能模仿专项动作进行练习。

◆ 速度训练

速度是指运动员在最短时间内完成动作的综合能力，是决定诸多项目比赛成绩的重要因素，也是衡量身体训练水平及竞技能力的客观依据。在比赛过程中，羽毛球的飞行速度非常快，需要运动员在极短的时间内完成判断来球方向、快速移动、回击等一系列动作，因此，在羽毛球运动中，速度也是一项非常重要的身体素质。移动速度可以通过快速跑、阻力跑、助力跑等方式进行练习。

◆ 灵敏性训练

灵敏性是对抗性项目的主要身体素质之一，是掌握、精进高难度复杂技术和战术的基础，也是处理各类突发情况的必备素质。在羽毛球运动中，球的落点十分灵活，身体的灵敏程度与速度是决定快速转换动作模式，并到达合理击球位置的关键。灵敏性训练的方式有多种，如可以听口令信号做快速反应、限定场所快速追逐、脚步交换、限定动作的高速折返等，同时也要结合羽毛球运动专项的特点进行专项化的练习，例如结合羽毛球步法的快速移动训练。

◆ 爆发力训练

爆发力是羽毛球运动中非常重要的身体素质，羽毛球的各种步法和击球动作，都要依靠爆发力来完成。爆发力既需要力量，也需要速度。发展上肢爆发力，可采用器械和自重训练进行练习，各种器械的推举、砸药球、俯卧撑等都是很好的方法。发展下肢爆发力则可以采用深蹲跳、蛙跳和台阶跳等。全身性的爆发力训练方法有跳远、冲刺跑等。

1.2 了解常用器材，提前做好准备

进行专项体能训练时，除了进行自重训练之外，最好再借助一些器材来进行，以全面模拟羽毛球专项训练并增加阻力，从而达到训练目的。本书中的动作主要采用的器材有弹力带、哑铃、瑞士球等。下面介绍这些器材的主要作用和选择标准，供读者参考。

◆ **弹力带**

　　弹力带是一种由乳胶制成的小型健身训练器械，根据其外形可分为扁平的带状和管状两种。在健身中，它的弹力可以有效改善身体的灵活性，增加肌肉力量，提升身体柔韧性。在专业运动训练中，运动员可以结合自身锻炼需要，用弹力带辅助训练，这有助于从整体上改善运动员的身体素质。制造商对于弹力带的阻力设置并没有统一的制作标准，一般来说，可以从弹力带的颜色来比较它的阻力。颜色越浅，阻力越小；颜色越深，阻力越大。在选择时，练习者应基于实践阻力考量，多试拉几次弹力带，根据自身的感受选择最合适的弹力带。

◆ **哑铃**

　　哑铃是广受健身者欢迎的一种健身器材。哑铃的重量为 2.5 到 60 千克，也有更重的，主要用于增强肌肉的训练。哑铃一般可分为固定重量哑铃和可调节重量哑铃两类。固定重量哑铃通常由金属材料制成，其配重无法增加或减少，是健身房里最为常见的一种哑铃。可调节重量哑铃类似于小型杠铃，两端可通过增加或减少铁片来改变重量。哑铃从轻到重可分为多个等级。训练者可以根据自身特点和需求来选择合适的哑铃。

◆ **瑞士球**

　　瑞士球也叫健身球，因最早起源和发明于瑞士而得名。瑞士球最早是作为玩具被发明出来的，后来才因其特殊的训练功能被物理治疗师运用于康复医疗领域。作为一种康复医疗设备，瑞士球可以用来帮助那些运动神经受损的人恢复平衡和运动能力。随着它在恢复腰、背、颈、髋关节、膝关节等功能方面发挥作用，逐渐被延伸推广为一种流行的运动训练器械。

　　选择瑞士球通常是基于练习者的身高。当练习者坐在一个球上时，其臀部应该略高于膝盖，且双脚应该平放在地板上。

◆ 壶铃

常见的壶铃有两种：铸铁材质的经典壶铃（或健身壶铃）和钢制的竞赛壶铃（或运动壶铃）。尽管名字代表了它们较为常见的使用方式，但是竞赛壶铃也可用于健身，而经典壶铃也可用于竞赛。

壶铃的重量范围为 1 到 90 千克。练习者可以根据自身的情况，比如训练水平、身材等，来决定所要使用的壶铃。除了重量以外，在选择壶铃时还要注意把手的粗细：太粗的把手抓握不住，训练中容易失控造成损伤；太细的把手也会带来一定的安全风险。把手到球体之间的距离也是一个重要的考虑因素：如果空间太小，手会很难或无法完全放入把手，那么就不能完成高翻、抓举等训练动作；如果空间过大，手与壶铃就不能紧密配合，需要前臂来稳定，这样手的控制力会不够，而且动作的稳定性也会下降。因此，要选择间距合适的壶铃。

◆ BOSU 球

BOSU（Both Side Up 意为"两边向上"，指 BOSU 球有两种放置方式）球，又称为波速球，它看上去就像半个球体，事实上，它是由一个硬质圆形平台和附着其上的充气橡胶半球构成的。BOSU 球常被用于平衡性训练。当非稳定面（半圆的那一面）朝上时，BOSU 球可提供一个不稳定的表面，而其自身保持稳定；当非稳定面朝下时，BOSU 球可提供一个稳定的表面，但其自身不平衡，无法保持稳定。这种稳定与不稳定结合的形式，使其可以被广泛应用于各种运动人群，同时也使其可以被应用于多种训练目的的练习。

◆ 药球

药球是一种球形的投掷器械，直径为 20 到 50 厘米，重量为 4 到 20 磅（1.8 到 9.1 千克）。药球和很多健身器械一样，最初产生于医疗康复领域，病人通过来回投掷药球，强化肌肉力量，提升肢体的灵活性，促进身体机能的恢复。由于训练效果较好，药球后来被广泛应用于健身和专项体能训练领域，帮助练习者加强核心区域的力量，同时也可用于速度和爆发力训练。另外，因为药球训练属于多平面的、灵活的运动，所以对关节周围的肌肉有很好的训练作用，可以使关节更稳定。专业运动员还可以利用药球模拟专项技术进行训练。

第 2 章

手臂训练

弹力带 – 坐姿 – 伸腕练习

1. 坐在椅子上，弹力带一端固定在脚下，另一端握在同侧的手中。手肘放在膝关节上。手腕悬空，手心向下。
2. 手腕抗阻向上背伸。
3. 回到起始姿势，重复规定的次数。对侧亦然。

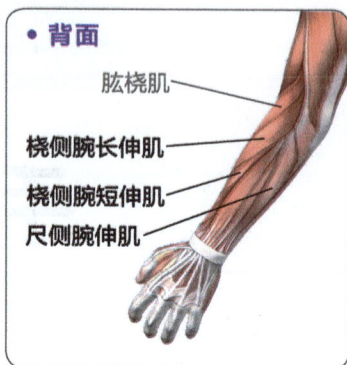

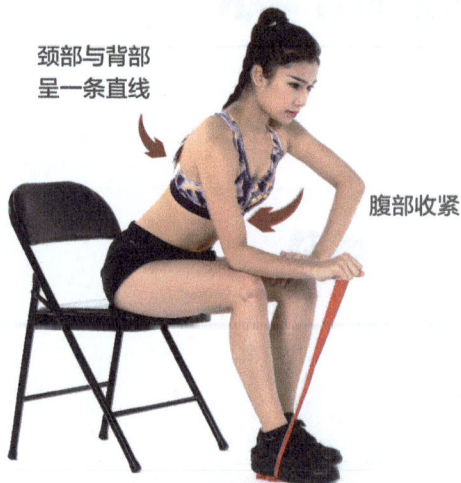

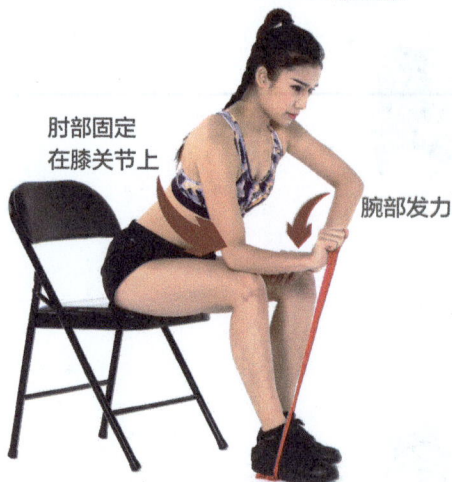

• **背面**

肱桡肌

桡侧腕长伸肌

桡侧腕短伸肌

尺侧腕伸肌

颈部与背部
呈一条直线

腹部收紧

肘部固定
在膝关节上

腕部发力

前臂尽量
与地面保
持平行

注：肌肉解剖图中，用黑色字体表示的为目标肌肉；用灰色字体表示的为其他工作肌肉；加 "*" 标注的表示深层肌肉。

聚焦羽毛球

1. 本练习有利于增强羽毛球鞭打动作中末端环节腕关节的力量，可以增加腕关节的稳定性和灵活性。
2. "快收慢放"式地完成本练习，可以提高腕关节伸肌离心收缩的能力，有利于扣杀速度的提升，并提高反手控球的能力。

避免

1. 运动过程中身体晃动。
2. 肘部弯曲。
3. 非腕部发力——运动中借助上身额外的肌肉发力。

目标锻炼肌群

桡侧腕长伸肌
桡侧腕短伸肌
尺侧腕伸肌

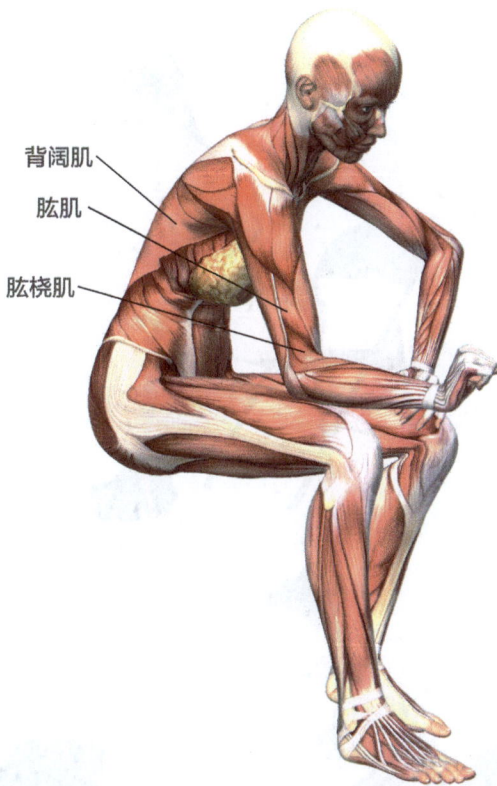

背阔肌
肱肌
肱桡肌

益处

• 强化手腕力量，提升腕关节稳定性

有下列问题时不建议做此项练习

• 肩部问题
• 手腕疼痛
• 上背部疼痛

弹力带 – 坐姿 – 屈腕练习

1. 坐在椅子上，弹力带一端固定在脚下，另一端握在同侧手中。手肘放在膝关节上。手腕悬空，手心向上。
2. 手腕抗阻向上屈曲。
3. 回到起始姿势，重复规定的次数。对侧亦然。

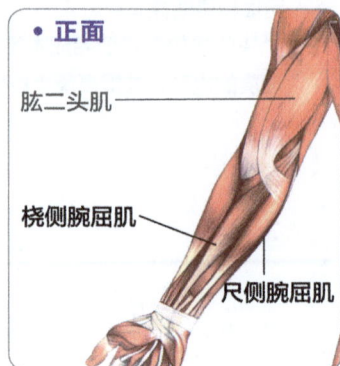

• **正面**

肱二头肌

桡侧腕屈肌

尺侧腕屈肌

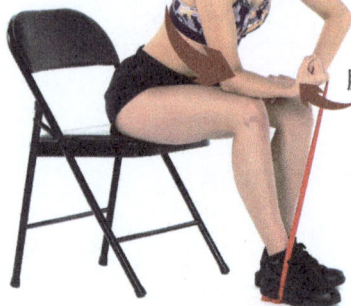

颈部与背部呈一条直线

腹部收紧

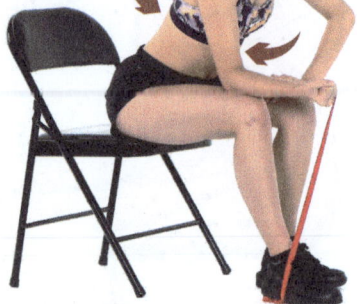

肘部固定在膝关节上

腕部发力

前臂尽量与地面保持平行

聚焦羽毛球

1. 本练习有利于增强羽毛球鞭打动作中末端环节腕关节的力量，可以增加腕关节的稳定性和灵活性。
2. "快收慢放"式地完成本练习，可以提高腕关节屈肌离心收缩的能力，有利于扣杀速度的提升，并提高反手控球的能力。

避免

1. 运动过程中身体晃动。
2. 肘部弯曲。
3. 非腕部发力——运动中借助上身额外的肌肉发力。

目标锻炼肌群

尺侧腕屈肌
桡侧腕屈肌

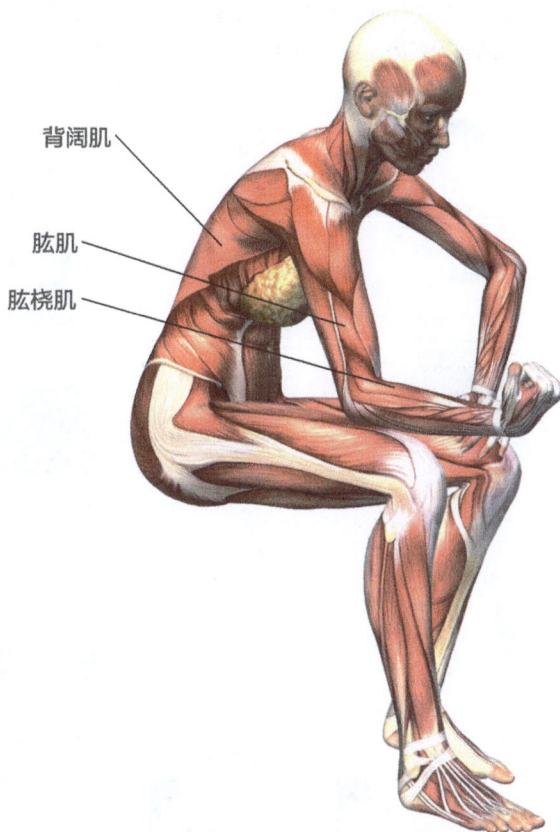

背阔肌

肱肌

肱桡肌

益处

· 强化手腕力量，增大前臂力量和体积

有下列问题时不建议做此项练习

· 肩部问题
· 腕部疼痛
· 上背部疼痛

弹力带 – 长号胸前推

1. 直立站姿，两脚分开，距离约与肩同宽。双手握住弹力带两端，一侧手臂屈肘将手收于胸前，且保持手臂贴近身体，另一侧手臂屈肘并将手臂抬高至呈两手高度一致位置。双手前后保持一定的距离，使弹力带略有张力。保持背部挺直，腹部收紧。
2. 前侧手向前伸肘，至肘关节伸直，呈拉长号姿势。
3. 回到起始姿势，重复规定的次数。对侧亦然。

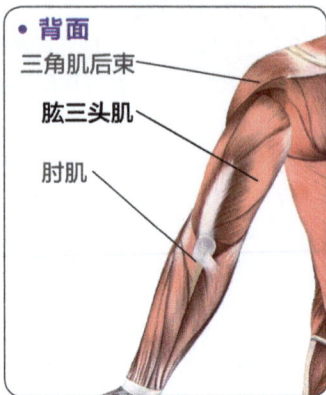

• 背面
三角肌后束
肱三头肌
肘肌

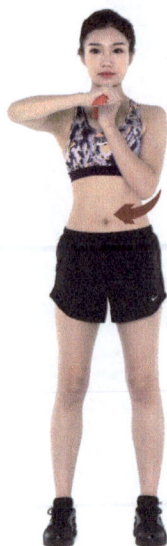

保持腹部收紧

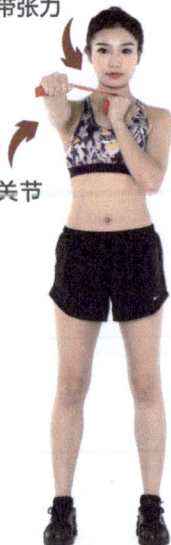

保持弹力带张力

前推至肘关节伸直

视角转换

聚焦羽毛球

1. 本练习能够提高手臂前推的能力，同时强化肩关节的稳定性，有利于提升羽毛球鞭打动作启动环节的稳定性。
2. "快收慢放"式地完成本练习，可以提高肩部及手臂肌群的离心收缩能力。

避免

1. 运动过程中手臂过度摇晃。
2. 运动过程中弹力带张力不稳定。

目标锻炼肌群

肱三头肌

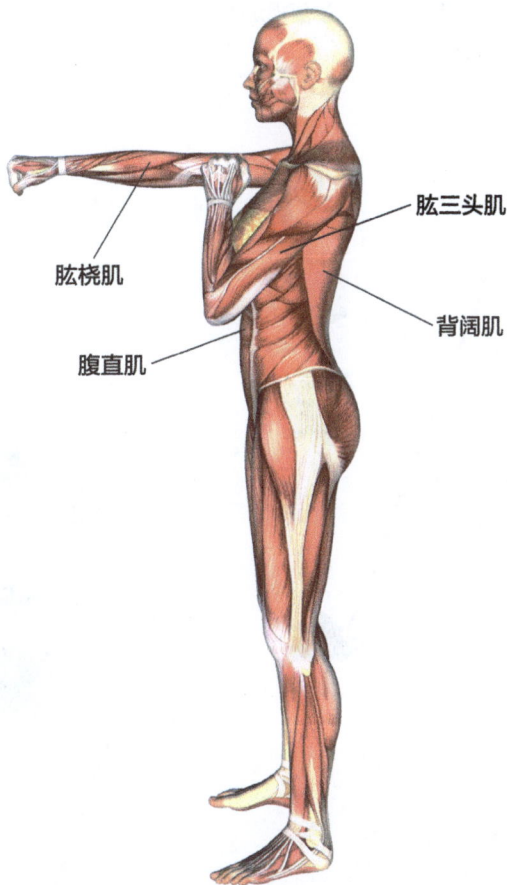

肱桡肌

腹直肌

肱三头肌

背阔肌

益处	有下列问题时不建议做此项练习
·强化手臂力量	·肩部问题 ·腕部疼痛 ·上背部疼痛

弹力带 – 站姿 – 前臂旋转

1. 直立站姿，弹力带一端固定在脚下，另一端握在手中，呈前平举姿势且掌心向上。
2. 前臂向内侧旋转，旋转至掌心向下。
3. 回到起始姿势，重复规定的次数。对侧亦然。

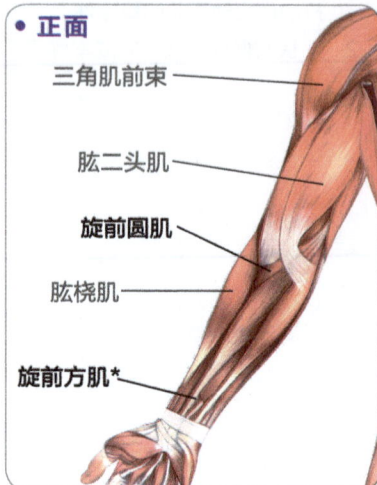

• 正面

三角肌前束

肱二头肌

旋前圆肌

肱桡肌

旋前方肌*

保持背部挺直

保持弹力带张力

保持前平举姿势

聚焦羽毛球

1. 本练习可以增强小臂肌群的力量水平，有利于提升扣杀过程中力量的传递。
2. "快收慢放"式地完成本练习，可以降低腕关节发生损伤的风险。

避免

1. 运动过程中手臂上抬或下落。
2. 完成动作的速度过快。

目标锻炼肌群

旋前圆肌
旋前方肌

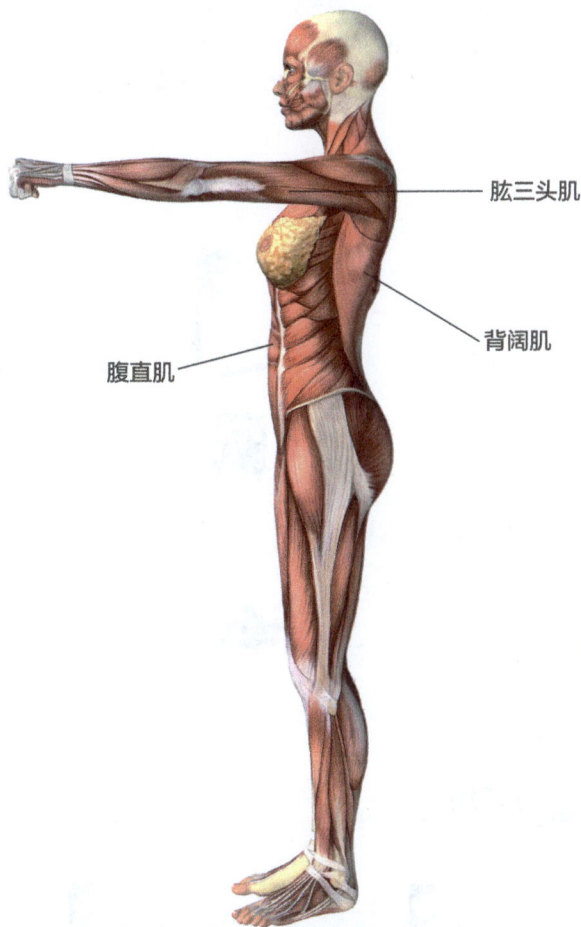

肱三头肌

背阔肌

腹直肌

益处

· 增强前臂旋转肌群的耐力和力量
· 预防腕关节损伤

有下列问题时不建议做此项练习

· 肩部问题
· 腕部疼痛

弹力带 – 站姿 – 单臂水平弯举

1. 直立站姿，双脚分开，距离约与肩同宽。单手握弹力带呈前平举姿势且掌心向上。另一只手辅助前平举手臂的肘关节。

2. 上臂保持不动，肘关节抗阻力弯曲，弹力带尽量靠近肩部，至肱二头肌有明显收缩。

3. 回到起始姿势，重复规定的次数。对侧亦然。

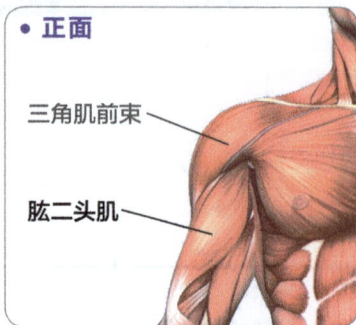

● 正面

三角肌前束

肱二头肌

起始动作保持肘关节伸直

视角 转换

聚焦羽毛球

1. 本练习可以增强肱二头肌的力量并强化肩关节。
2. "快收慢放"式地完成本练习，可以提高肱二头肌和肱三头肌的离心收缩的能力，并预防"网球肘"类损伤的出现。

避免

1. 运动过程中身体晃动。
2. 运动过程中肘关节上抬。

目标锻炼肌群

肱二头肌
肱肌
肱桡肌

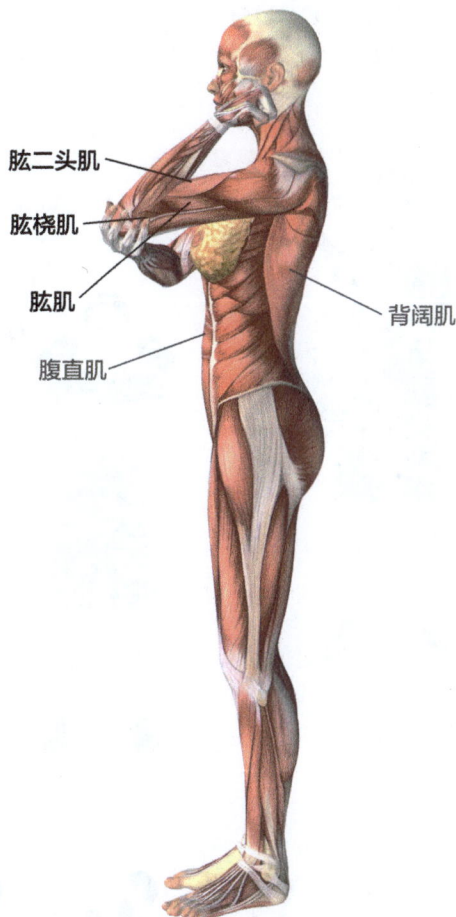

肱二头肌
肱桡肌
肱肌
腹直肌
背阔肌

益处	有下列问题时不建议做此项练习
• 强化肱二头肌	• 肩部问题
• 提升肩关节稳定性	• 腕部疼痛
	• 肘关节问题

哑铃 – 站姿 – 双臂锤式弯举

1. 直立站姿，双脚分开，距离约与肩同宽。双手握哑铃，双臂自然垂于身体两侧，掌心相对。
2. 保持肩关节稳定，双臂同时弯举，至肱二头肌完全收缩，哑铃举过肩。
3. 回到起始姿势，重复规定的次数。

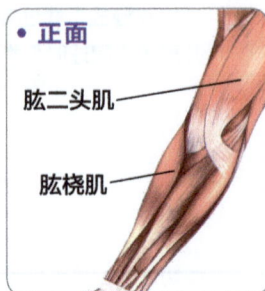

• 正面

肱二头肌

肱桡肌

保持背部挺直，
腹部收紧

将哑铃举起时
呼气，放回起
始位置时吸气

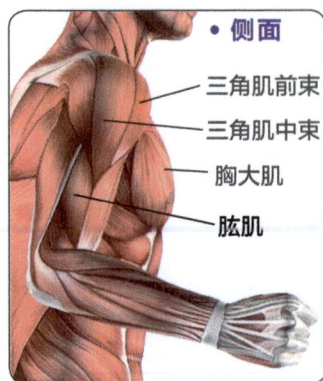

• 侧面

三角肌前束

三角肌中束

胸大肌

肱肌

视角 转换

聚焦羽毛球

1. 本练习可以增强肱二头肌的力量，并强化肩关节。
2. "快收慢放"式地完成本练习，可以提高肱二头肌的离心收缩的能力，有利于扣杀速度的提升，并预防"网球肘"类损伤的出现。

避免

1. 运动过程中身体向后倾斜。
2. 运动过程中腕部弯曲。
3. 向上弯举时肩关节旋转。

目标锻炼肌群

肱二头肌
肱肌
肱桡肌

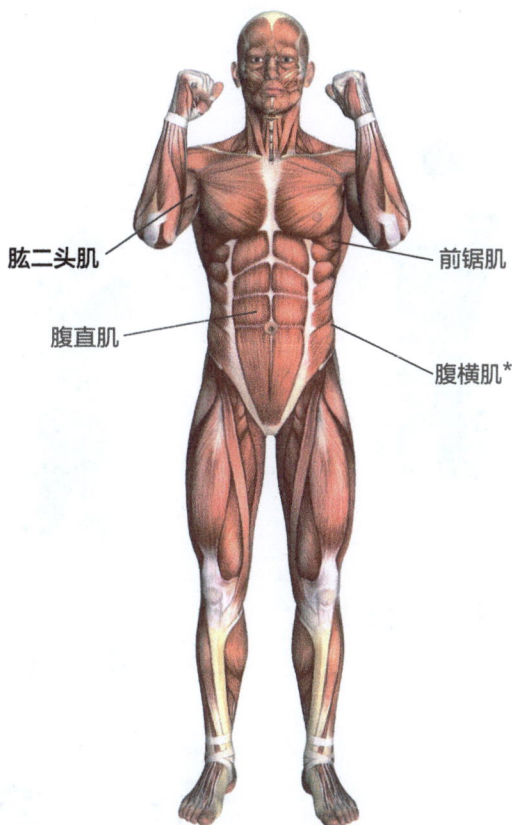

肱二头肌

前锯肌

腹直肌

腹横肌*

益处	有下列问题时不建议做此项练习
• 强化肱二头肌	• 肩部问题
• 提升肩关节稳定性	• 手腕疼痛
	• 肘关节问题

哑铃－站姿－基础双臂颈后屈臂伸

1. 直立站姿，双脚分开，距离约与肩同宽。双手托哑铃置于颈部后方。
2. 慢慢地将手臂向上伸展，直到手臂伸直。
3. 向后屈肘回到起始姿势，重复规定的次数。

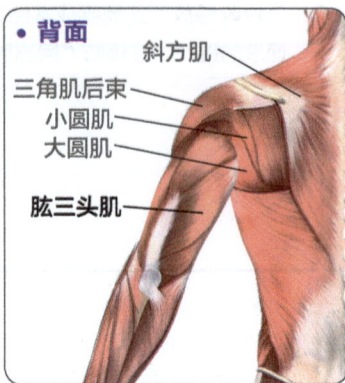

- **背面**
  - 斜方肌
  - 三角肌后束
  - 小圆肌
  - 大圆肌
  - **肱三头肌**

保持背部挺直

视角 转换

聚焦羽毛球

1. 本练习可以增强肱三头肌的力量，强化挥拍时的伸肘动作。
2. "快收慢放"式地完成本练习，可以提高肱三头肌离心收缩的能力，有利于提升扣杀速度。

避免

1. 向上伸臂时肘部前倾。
2. 哑铃碰到头部。

目标锻炼肌群

肱三头肌

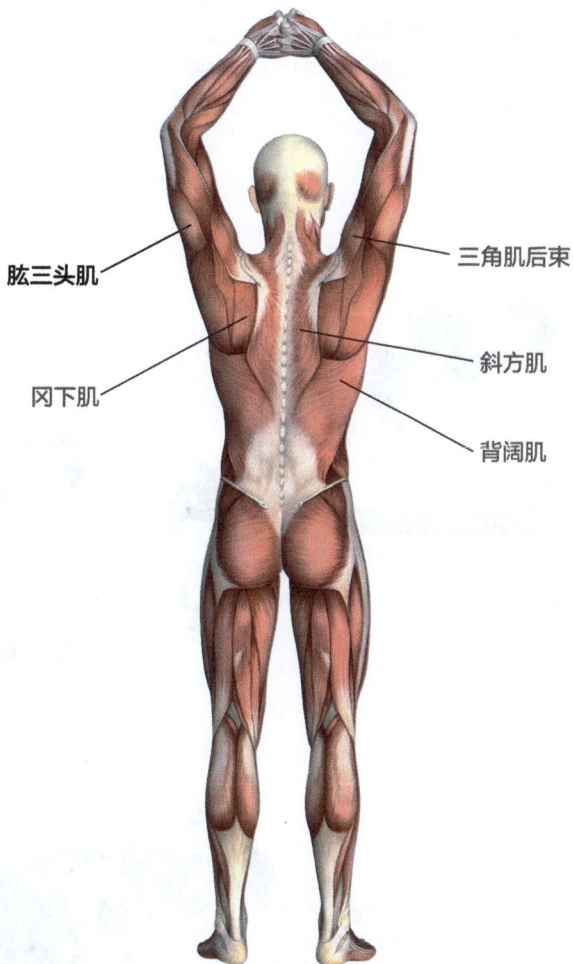

肱三头肌　三角肌后束　斜方肌　冈下肌　背阔肌

益处
- 强化上臂

有下列问题时不建议做此项练习
- 肩部疼痛
- 肘关节问题

哑铃 – 训练椅 – 半跪 – 单臂屈臂伸

1. 同侧膝、手支撑于训练椅上。对侧手握哑铃于身体一侧，且躯干、上臂与地面平行，前臂垂直地面。
2. 进行单臂屈伸练习。
3. 恢复至起始姿势，重复规定的次数。对侧亦然。

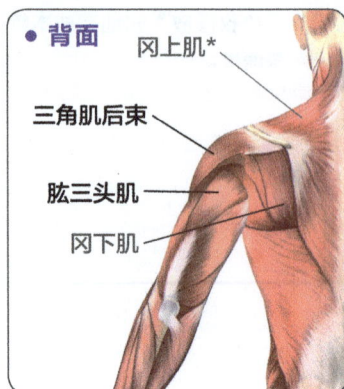

● **背面**

冈上肌*

三角肌后束

肱三头肌

冈下肌

手臂伸直时依然靠近躯干的侧面

躯干始终保持平直，面部朝下

尽量缓慢地完成整个动作；恢复至起始姿势停顿 2 秒

聚焦羽毛球

1. 该练习有助于锻炼肱三头肌的力量。"屈臂伸"这个过程对于强化击球的最后阶段的力量输出十分重要。
2. 将这个动作控制得非常慢是能够从这个练习中取得最佳效果的关键点。加大这个动作难度的最好办法是在手臂完全伸直时停 1 到 2 秒，使肱三头肌收紧，然后手臂至 90 度屈肘位时再停 1 到 2 秒。这样可以防止产生像钟摆一样的哑铃摇摆动作，因为那是作弊的一种形式。

避免

1. 运动过程中哑铃远离身体。
2. 弯曲手臂时耸肩。
3. 头部抬起或过于向低。

目标锻炼肌群

肱三头肌
三角肌后束
肘肌

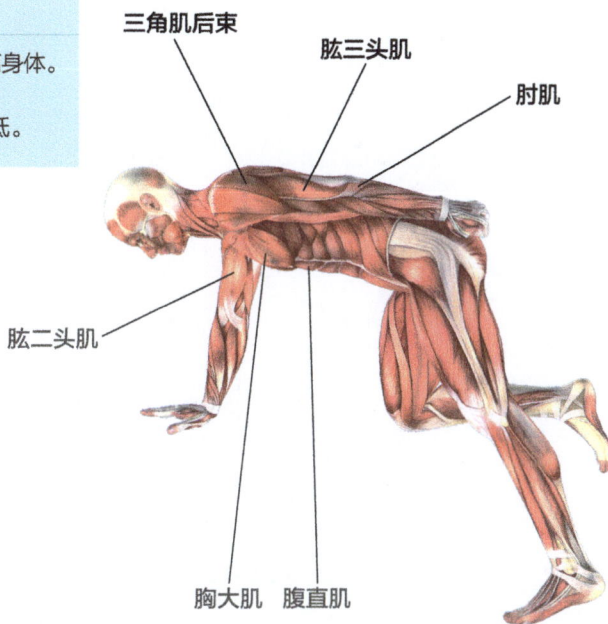

三角肌后束
肱三头肌
肘肌
肱二头肌
胸大肌　腹直肌

益处
- 使手臂后侧肌肉得以锻炼

有下列问题时不建议做此项练习
- 肩部问题
- 肘部问题

第 3 章

肩部与上背部训练

弹力带 – 哑铃 – 站姿双臂前平举

1. 直立站姿，双脚分开，距离约与肩同宽。双手握固定有弹力带的哑铃，并将弹力带中段固定在脚下。双臂自然下垂。
2. 双臂上抬至前平举。
3. 慢慢回到起始姿势，重复规定的次数。

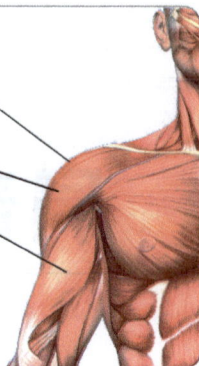

● **正面**

三角肌中束

三角肌前束

肱二头肌

腹部收紧

手臂与地面平行

视角 转换

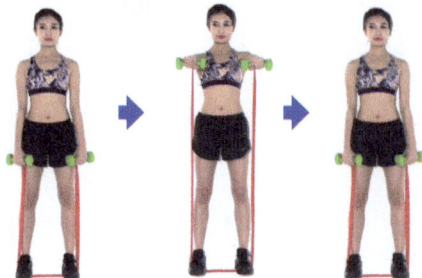

聚焦羽毛球

1. 本练习可以增强三角肌前束的力量，是强化羽毛球运动中肩部基础力量的典型训练动作。
2. "快收慢放"式地完成本练习，可以提高三角肌前束离心收缩的能力，有利于提升展肩动作的速度。

避免

1. 完成动作的速度过快。
2. 双臂抬升的高度超过肩部。
3. 身体后倾。

目标锻炼肌群

三角肌前束

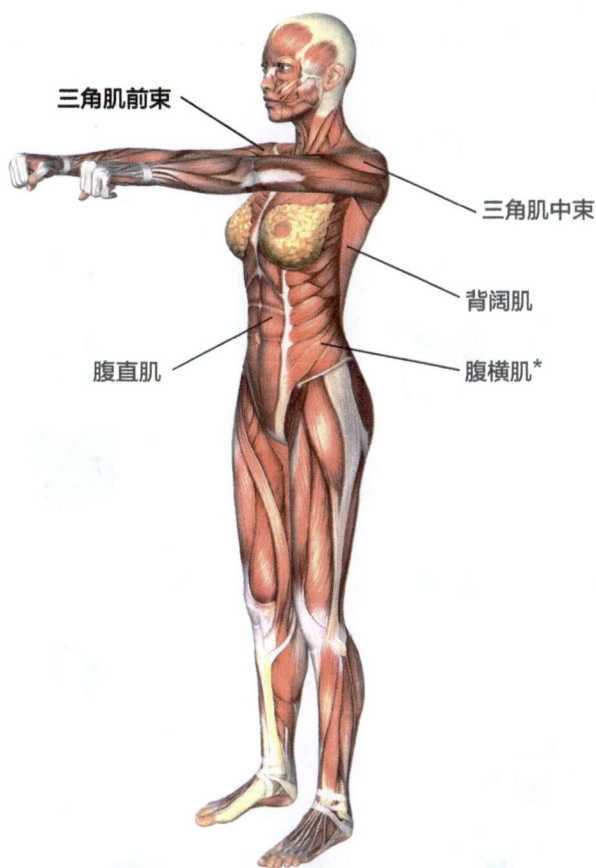

三角肌前束

三角肌中束

背阔肌

腹直肌

腹横肌*

益处	有下列问题时不建议做此项练习
·强化三角肌	·肩部问题 ·腕部疼痛 ·上背部疼痛

弹力带－站姿－双臂侧平举

1. 双脚前后分开呈直立站姿，将弹力带中段固定在脚下，双手握住两端，掌心朝向身体，双臂伸直位于身体两侧。
2. 双臂抬高向身体两侧外展，至双臂与地面平行，保持掌心向下。
3. 回到起始姿势，重复规定的次数。

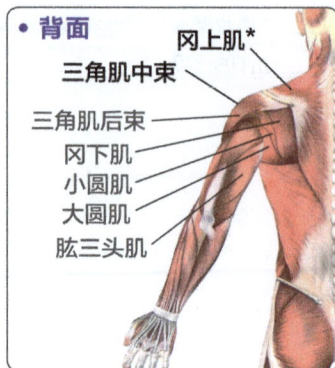

• 背面

冈上肌*

三角肌中束

三角肌后束

冈下肌

小圆肌

大圆肌

肱三头肌

双臂保持伸直

脚固定在地面不动

视角 转换

聚焦羽毛球

1. 本练习可以增强三角肌中束的力量，是强化羽毛球运动中肩部基础力量的典型训练动作。
2. "快收慢放"式地完成本练习，可以提高三角肌中束离心收缩的能力，有利于提升展肩动作的速度。

避免

1. 完成动作的速度过快。
2. 双臂抬升的高度超过肩部。
3. 运动过程中脚发生移动。

目标锻炼肌群

三角肌中束
冈上肌

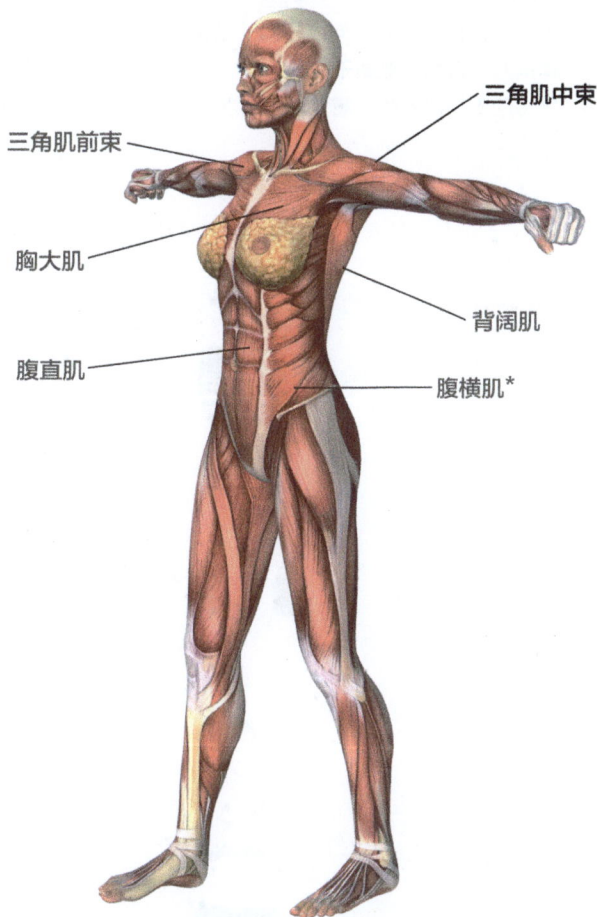

三角肌前束

三角肌中束

胸大肌

背阔肌

腹直肌

腹横肌*

益处	有下列问题时不建议做此项练习
·强化三角肌	·肩部问题 ·腕部疼痛

弹力带 – 站姿 – 肩关节内旋

1. 直立站姿，双脚分开，距离约与肩同宽。将弹力带一端固定在身体一侧的固定物上。弹力带同侧的手握弹力带另一端，肘关节弯曲90度。
2. 上臂保持位置不变，向内旋肩。前臂越过身体前方，直到碰触躯干。
3. 缓慢回到起始姿势，重复规定的次数。

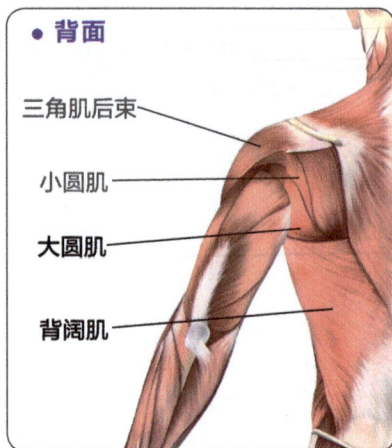

● **背面**

三角肌后束
小圆肌
大圆肌
背阔肌

腹部收紧

前臂贴近腹部

聚焦羽毛球

1. 本练习可以增强肩关节内旋力量，有利于提升扣杀过程中速度的传递。
2. 本练习还可以增强肩关节的功能性，提升灵活性，降低肩关节和肘关节部位发生损伤的风险。

避免

1. 运动过程中上臂移动。
2. 完成动作速度过快。
3. 运动过程中髋部扭转。

三角肌前束

胸大肌

腹直肌

肩胛下肌*

腹横肌*

目标锻炼肌群

三角肌前束
胸大肌
肩胛下肌
背阔肌
大圆肌

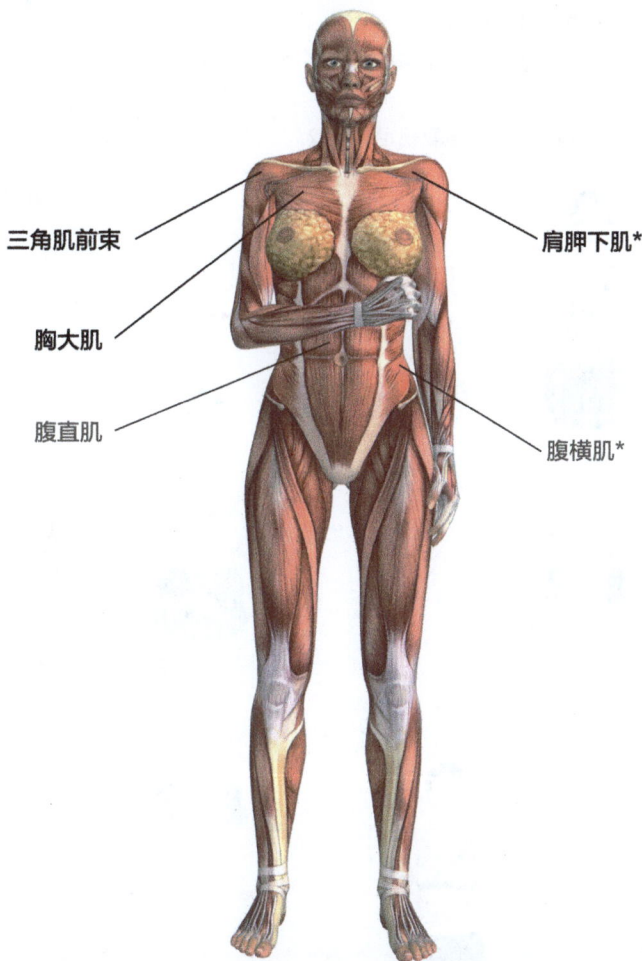

益处

- 强化肩部肌群
- 提高肩关节的灵活性

有下列问题时不建议做此项练习

- 肘关节疼痛
- 腕部疼痛
- 肩部问题

弹力带 − 站姿 − 肩关节外旋

1. 直立站姿，双脚分开，距离约与肩同宽。将弹力带的一端固定在身体一侧的固定物上。弹力带异侧的手握弹力带的另一端，肘关节弯曲90度并收于腹前。
2. 上臂保持位置不变，向外旋肩，前臂尽可能朝一侧外伸。
3. 回到起始姿势，重复规定的次数。

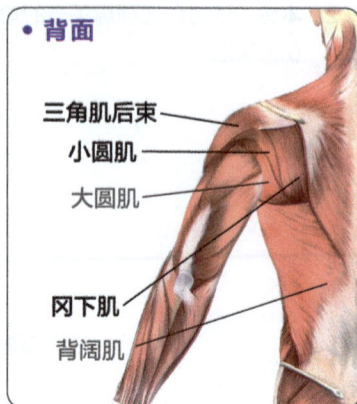

● **背面**

三角肌后束
小圆肌
大圆肌

冈下肌
背阔肌

前臂与地面平行

保持弹力带平直

聚焦羽毛球

1. 本练习可以增强肩关节外旋力量，有利于提升扣杀过程中速度的传递。
2. 本练习还可以增强肩关节的功能性，提升灵活性，降低肩关节和肘关节部位发生损伤的风险。

避免

1. 运动过程中上臂移动。
2. 完成动作速度过快。
3. 运动过程中髋部扭转。

目标锻炼肌群

三角肌后束
小圆肌
冈下肌

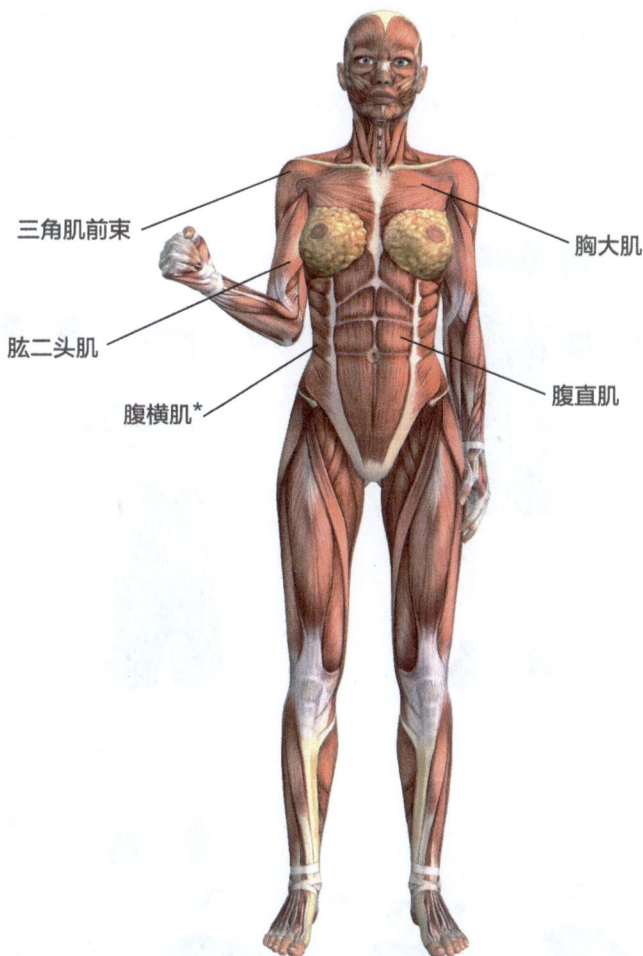

三角肌前束

胸大肌

肱二头肌

腹直肌

腹横肌*

益处
- 强化肩部肌群
- 提高肩关节的灵活性

有下列问题时不建议做此项练习
- 肘关节疼痛
- 腕部疼痛
- 肩部问题

哑铃－站姿－旋肩

1. 直立站姿，双脚分开，距离约与肩同宽。双手握哑铃，上臂与地面平行，前臂下垂，掌心向后。
2. 上臂保持位置不变，向后旋肩。旋至哑铃向上，掌心向前。
3. 回到起始姿势，重复规定的次数。

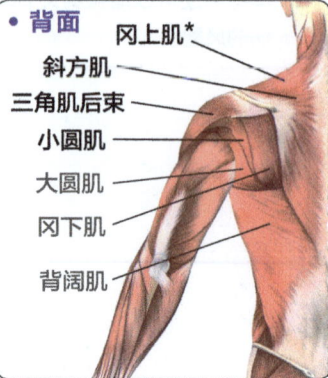

• 背面　冈上肌*
斜方肌
三角肌后束
小圆肌
大圆肌
冈下肌
背阔肌

上臂始终保持与地面平行

肘关节始终约呈90度

视角 转换

聚焦羽毛球

1. 本练习可以增强肩关节向上旋肩的力量，有利于提升扣杀过程中速度的传递。
2. 本练习还可以强化肩关节的功能性，提升灵活性，降低肩关节和肘关节部位发生损伤的风险。

避免

1. 运动过程中身体后倾。
2. 借助肩关节以外的其他关节发力。

目标锻炼肌群

三角肌后束
斜方肌
小圆肌
冈上肌

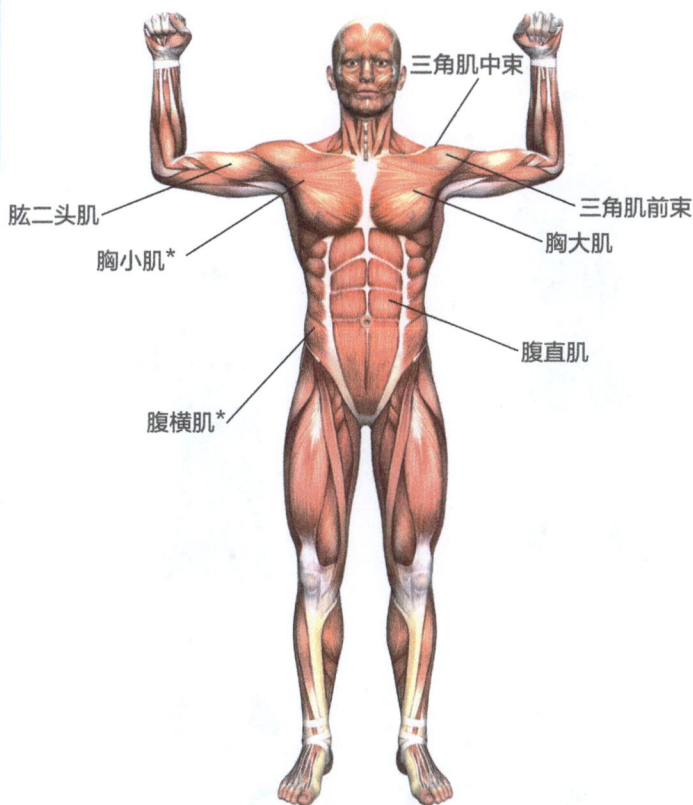

三角肌中束

肱二头肌

胸小肌*

三角肌前束

胸大肌

腹直肌

腹横肌*

益处

- 强化肩背部肌群
- 提高肩关节的灵活性

有下列问题时不建议做此项练习

- 肩部问题
- 腕部疼痛
- 上背部疼痛

哑铃 – 站姿 – 双臂提拉

1. 直立站姿，双脚分开，距离约与肩同宽。双手握哑铃，自然垂于身体前侧，掌心向后。
2. 双臂同时将哑铃向上提拉至哑铃靠近下巴。
3. 双臂回落到自然下垂位置，回到起始姿势，重复规定的次数。

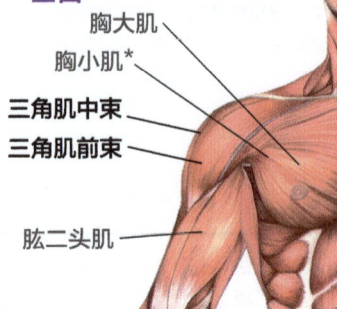

- **正面**
  - 胸大肌
  - 胸小肌*
  - **三角肌中束**
  - **三角肌前束**
  - 肱二头肌

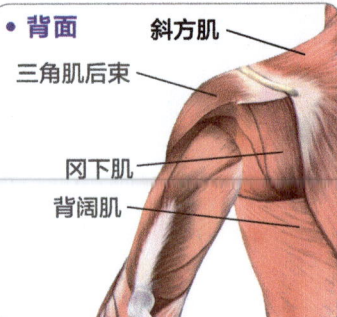

- **背面**
  - **斜方肌**
  - 三角肌后束
  - 冈下肌
  - 背阔肌

保持背部挺直

哑铃保持与地面平行

视角转换

聚焦羽毛球

1. 本练习可以有效增强三角肌和斜方肌等肩背部肌肉的力量，属于羽毛球项目的基础力量的训练动作。
2. "快收慢放"式地完成本练习，可提高肌肉离心收缩的能力，提升挥拍速度。

避免

1. 上提过程中哑铃撞到下巴。
2. 运动过程中弓背。

目标锻炼肌群

斜方肌
三角肌前束
三角肌中束

提高难度

用重量较大的杠铃代替哑铃，增加负重，做与哑铃同样的训练动作。

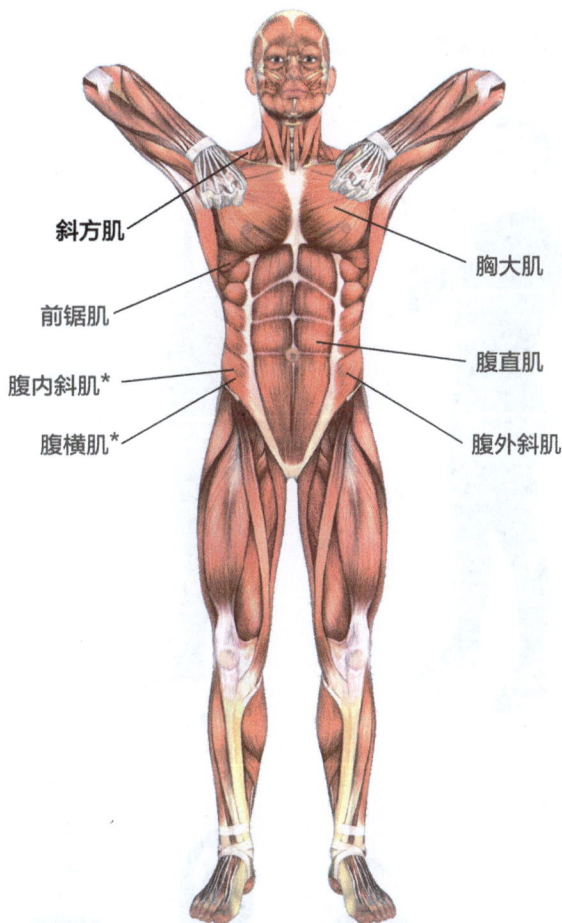

斜方肌

前锯肌

腹内斜肌*

腹横肌*

胸大肌

腹直肌

腹外斜肌

益处

- 强化上背部和肩部肌群
- 提高肩关节灵活性

有下列问题时不建议做此项练习

- 肩部问题
- 腕部疼痛
- 上背部疼痛

壶铃－站姿－双臂托举

1. 直立站姿，双脚分开，距离约与肩同宽。双手托壶铃，置于胸部前方，保持挺胸直背、腹部收紧。
2. 双臂同时发力，向上托举壶铃。将壶铃托举至头顶上方。
3. 回到起始姿势，重复规定的次数。

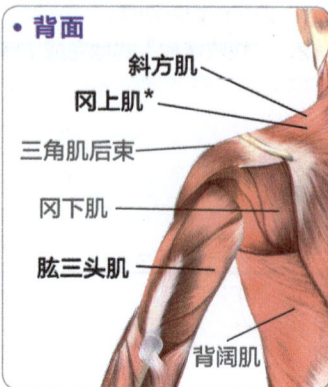

● **背面**

斜方肌
冈上肌*
三角肌后束
冈下肌
肱三头肌
背阔肌

上推时同时呼气

保持腹部收紧

回到初始位置时吸气

视角转换

聚焦羽毛球

1. 本练习有利于提升上肢"推"的力量，属于羽毛球项目的基础力量的训练动作。
2. "快收慢放"式地完成本练习，可以提升肩部肌群的动态稳定能力，有利于羽毛球挥拍动作中力量的输出。

避免

1. 向上托举过程中耸肩。
2. 运动过程中弓背或过度伸展背部。

目标锻炼肌群

斜方肌
冈上肌
肱三头肌
背阔肌

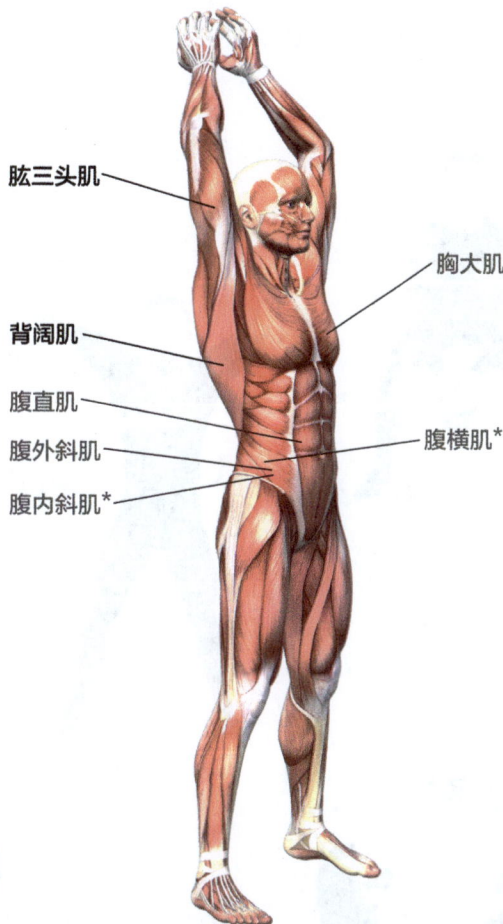

肱三头肌

胸大肌

背阔肌

腹直肌

腹外斜肌

腹横肌*

腹内斜肌*

益处
· 强化上臂和肩部，提升肩部肌肉的爆发力

有下列问题时不建议做此项练习
· 肩部问题

壶铃 – 双臂高拉

1. 微屈膝下蹲站姿，双手握壶铃置于双腿中间，背部挺直。
2. 迅速顶髋起身，同时弯曲肘关节将壶铃拉至胸前。
3. 缓慢回到起始姿势，重复规定的次数。

• 正面

斜方肌
胸大肌
三角肌中束
三角肌前束
肱二头肌

起始姿势时手臂伸直

脚尖略朝向外

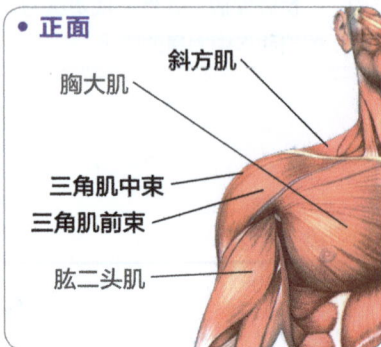

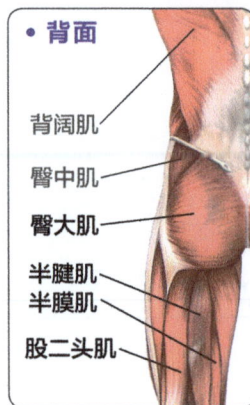

• 背面

背阔肌
臀中肌
臀大肌
半腱肌
半膜肌
股二头肌

视角 转换

壶铃放低时保持壶铃靠近身体

聚焦羽毛球

1. 本练习可以强化三角肌、斜方肌、臀大肌和股四头肌等肌肉的力量，属于羽毛球项目的基础力量的训练动作。
2. "快收慢放"式地完成本练习，可以提高肌肉离心收缩的能力，提升挥拍速度。

避免

1. 高拉过程中壶铃撞到下巴。
2. 运动过程中身体后倾或弓背。

目标锻炼肌群

三角肌前束
三角肌中束
斜方肌
臀大肌
股直肌
股中间肌
股内侧肌
股外侧肌
半腱肌
半膜肌
股二头肌

提高难度

也可以使用杠铃进行此练习，开始时将杠铃放在双脚鞋带的正上方。

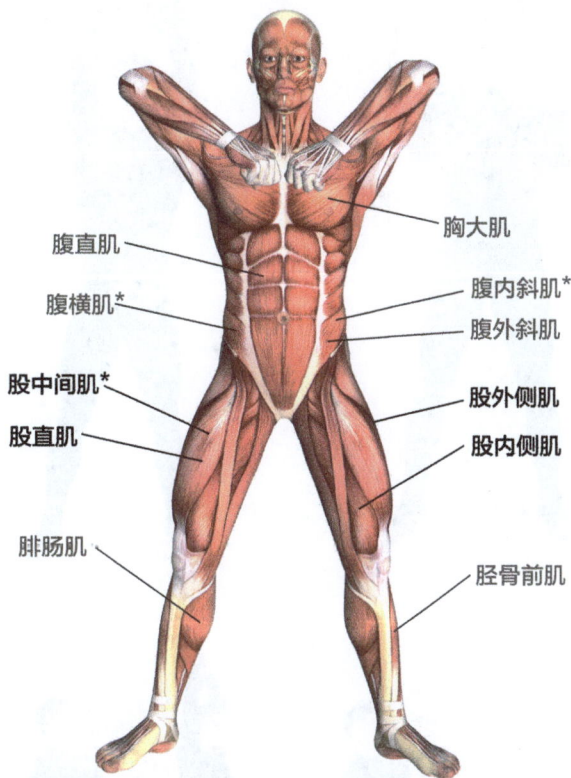

腹直肌
腹横肌*
股中间肌*
股直肌
腓肠肌

胸大肌
腹内斜肌*
腹外斜肌
股外侧肌
股内侧肌
胫骨前肌

益处

- 强化肩部、上背部和下肢的力量
- 提升身体协调性

有下列问题时不建议做此项练习

- 肩部问题
- 腕部疼痛
- 上背部疼痛

壶铃 – 站姿 – 双臂过顶上推

1. 直立站姿，双脚分开，距离略比肩宽。双手握两个壶铃呈架式，并将壶铃放在肩关节前。
2. 双臂同时发力，将壶铃向上推举，直至手臂伸直。
3. 回到起始姿势，重复规定的次数。

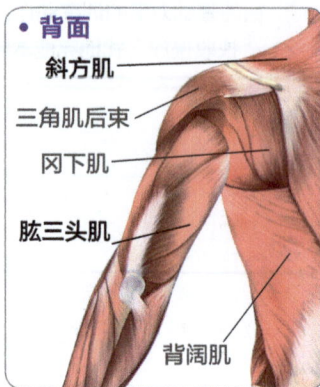

背面

斜方肌
三角肌后束
冈下肌
肱三头肌
背阔肌

掌心向前

腹部收紧

视角转换

聚焦羽毛球

1. 本练习有利于增强上肢推的力量，是羽毛球运动中基础力量的典型训练动作。
2. "快收慢放"式地完成本练习，可以提升肩部肌群的动态稳定能力，有利于羽毛球挥拍动作中力量的输出。

避免

1. 运动过程中身体过度后倾。
2. 运动过程中背部过度伸展。

目标锻炼肌群

斜方肌
三角肌前束
肱三头肌

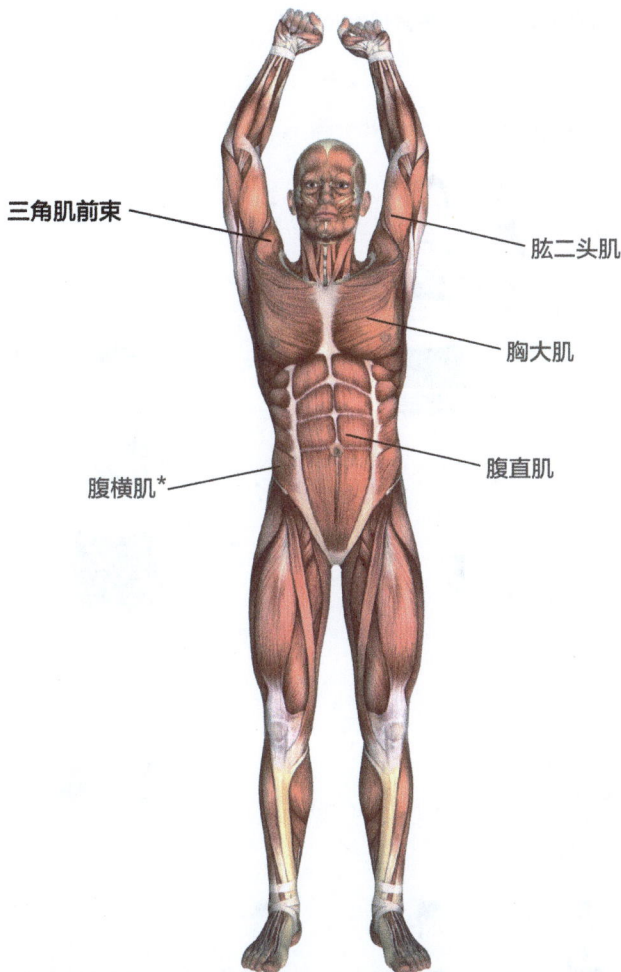

三角肌前束

肱二头肌

胸大肌

腹直肌

腹横肌*

益处
· 强化肩部和上臂

有下列问题时不建议做此项练习
· 肩部问题

弹力带 – 站姿 – 双臂下拉

1. 直立站姿，双脚分开，距离约与肩同宽。双手握弹力带举过头顶，双臂伸直，保持弹力带张力。
2. 双臂抗阻力下拉。至双臂呈侧平举姿势。
3. 回到起始姿势，重复规定的次数。

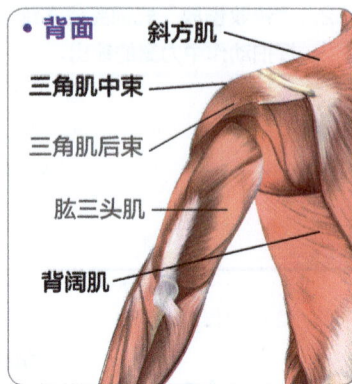

始终保持肘关节伸直

保持弹力带张力

视角 转换

聚焦羽毛球

1. 本练习可以有效增强肩关节周围肌群和背阔肌的力量，有利于提升羽毛球中高远球动作的表现水平。
2. "快收慢放"式地完成本练习，可以提升羽毛球挥拍动作的速度。

避免

1. 颈部前伸。
2. 完成动作速度过快。

目标锻炼肌群

三角肌中束
斜方肌
背阔肌

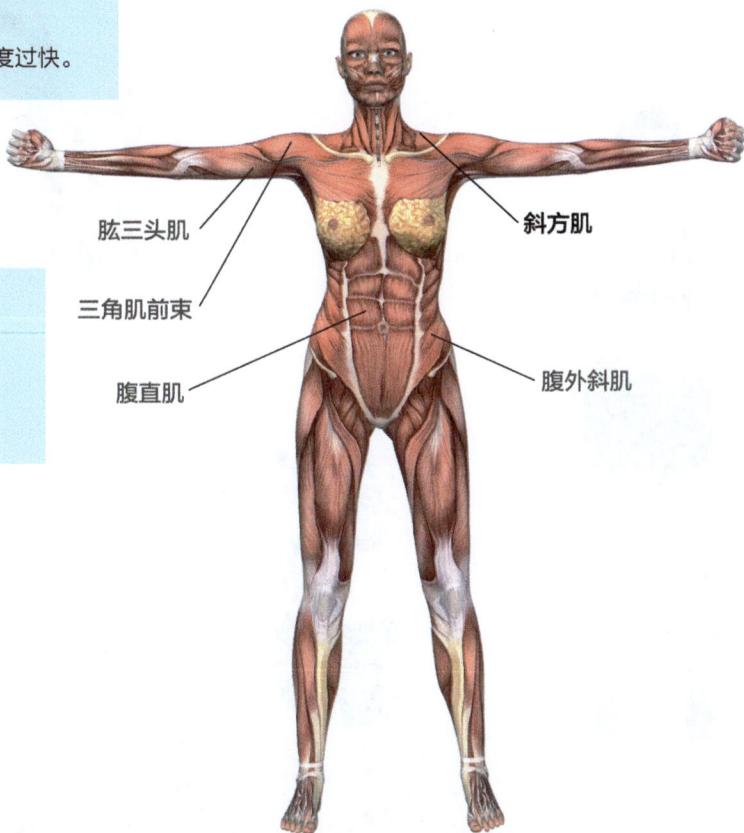

肱三头肌

三角肌前束

腹直肌

斜方肌

腹外斜肌

益处	有下列问题时不建议做此项练习
·强化肩部和背部	·肩部问题 ·腕部疼痛 ·上背部疼痛

弹力带 - 站姿 - 耸肩

1. 直立站姿，双脚分开，距离约与肩同宽。双手握住弹力带两端，双脚固定弹力带中段。手臂自然垂于身体两侧。
2. 拉动弹力带，双侧同时向上耸肩。
3. 有控制地回到起始姿势，重复规定的次数。

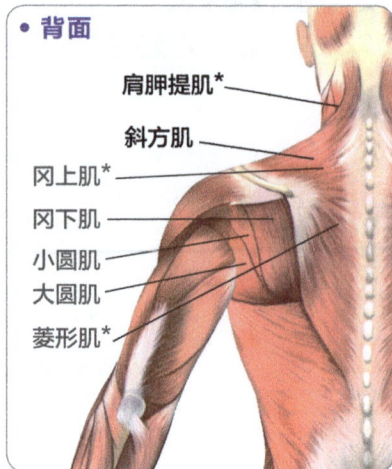

● **背面**

肩胛提肌*

斜方肌

冈上肌*

冈下肌

小圆肌

大圆肌

菱形肌*

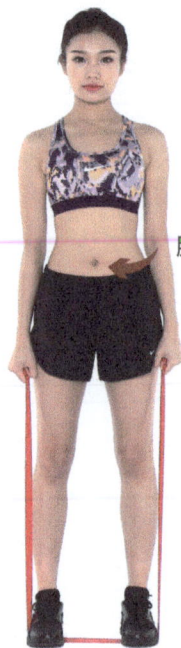

腹部收紧

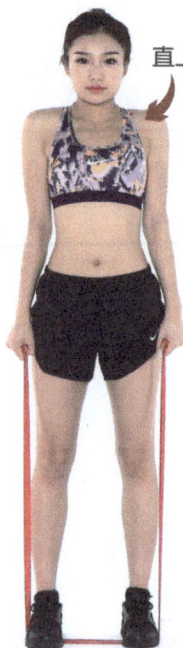

直上直下耸肩

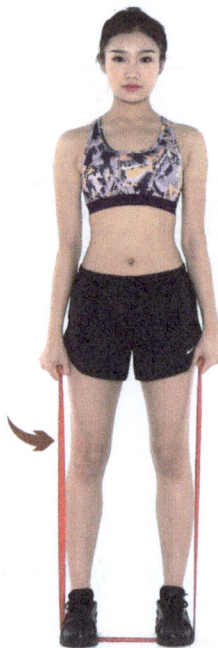

肩部下降过程中稳定释放弹力带张力

聚焦羽毛球

1. 本练习可以增强斜方肌等肩部肌群的力量，是羽毛球运动中基础力量的训练动作。
2. "快收慢放"式地完成本练习，可以提升羽毛球挥拍动作的速度。

避免

1. 肩部向后旋转。
2. 肘关节弯曲。

目标锻炼肌群

斜方肌
肩胛提肌

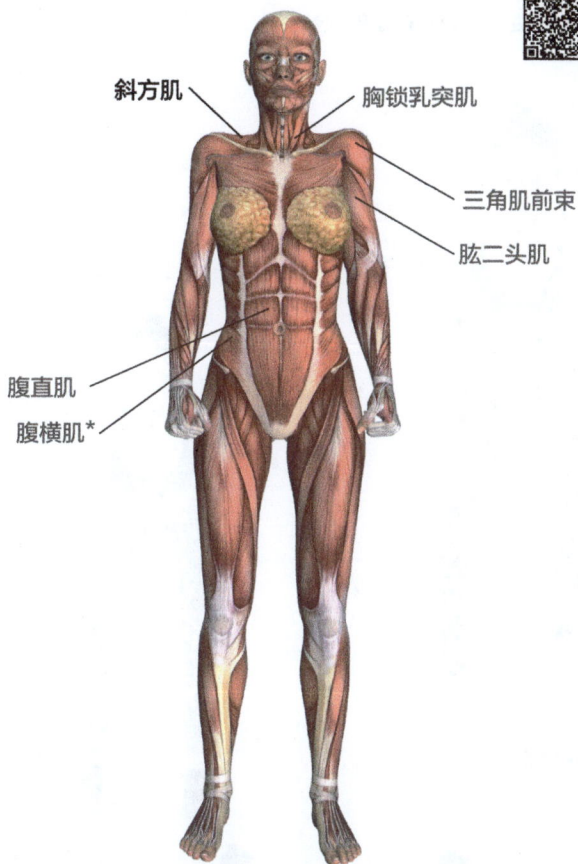

斜方肌

胸锁乳突肌

三角肌前束

肱二头肌

腹直肌

腹横肌*

变换动作
用哑铃或壶铃代替弹力带。

益处
· 强化肩部肌群

有下列问题时不建议做此项练习
· 肩部问题
· 腕部疼痛
· 上背部疼痛

站姿 –W 字

1. 直立站姿，双脚分开，距离约与肩同宽。俯身同时双臂屈肘且略外展。
2. 两侧肩胛骨向内向下收紧，双臂向上抬起。至双臂与躯干形成"W"字，注意拇指向上。
3. 回到起始姿势，重复规定的次数。

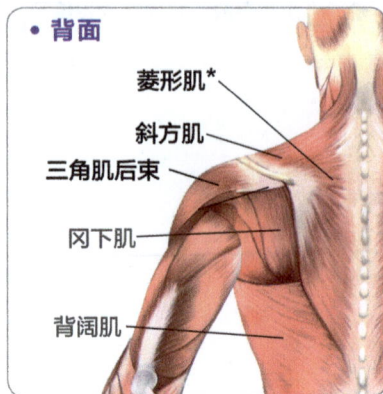

• **背面**

菱形肌*
斜方肌
三角肌后束
冈下肌
背阔肌

始终保持拇指向上

手臂始终处于弯曲状态

视角 转换

聚焦羽毛球

本练习属于肩关节稳定性与灵活性的基础功能性训练动作，有利于降低羽毛球运动中肩关节发生损伤的风险，同时可以提高挥拍动作的能量传递效率。

避免

1. 运动过程中弓背。
2. 大拇指改变方向。
3. 完成动作速度过快。

目标锻炼肌群

三角肌后束
菱形肌
斜方肌

变换动作
可以从 "W" 字开始，双肘伸直与躯干呈 "Y" 字。

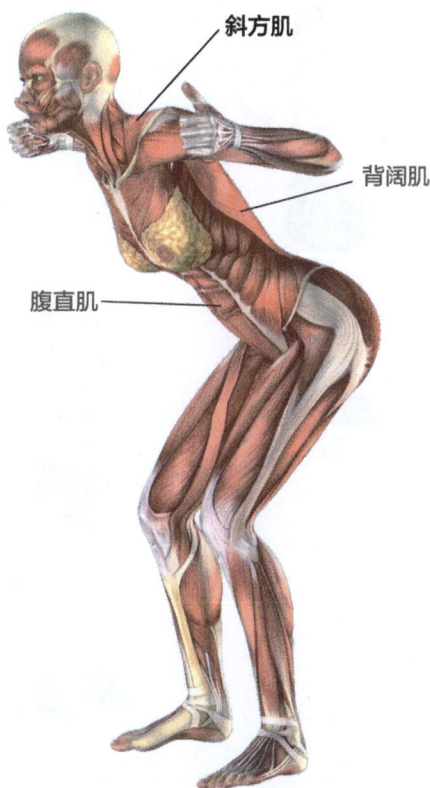

斜方肌

背阔肌

腹直肌

益处

· 强化肩部后侧肌群
· 激活肩部肌群

有下列问题时不建议做此项练习

· 肩部问题
· 上背部疼痛

弹力带 – 站姿 – 双臂水平划船

1. 直立站姿，双脚分开，距离约与肩同宽。双手握住弹力带两端，双臂向前伸直。弹力带中段固定在身前相似高度的物体上，保持弹力带张力。
2. 双臂屈肘，将弹力带朝身体方向拉伸，至向后最大程度。
3. 回到起始姿势，重复规定的次数。

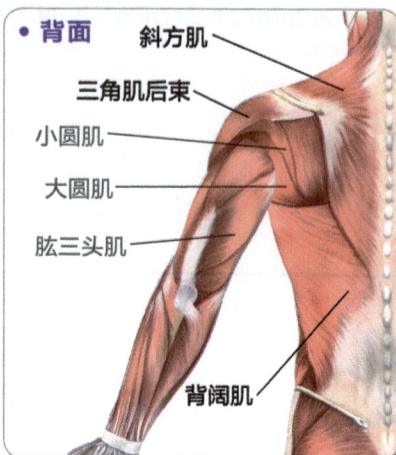

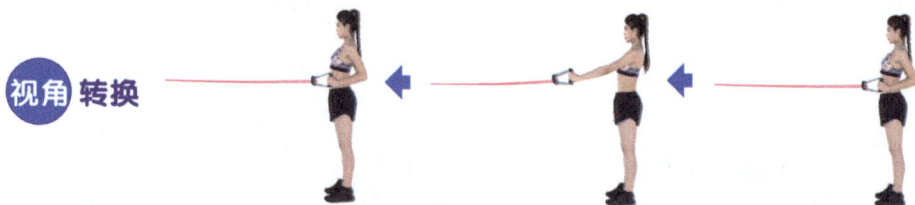

• 背面

斜方肌

三角肌后束

小圆肌

大圆肌

肱三头肌

背阔肌

保持背部挺直

肩胛骨收紧

视角转换

聚焦羽毛球

1. 本练习可以增强肩部和上背部力量，有利于提高挥拍速度。
2. "快收慢放"式地完成本练习，可以提升上背部肌群的离心收缩能力。

避免

1. 手臂过度晃动。
2. 运动过程中躯干扭动。

目标锻炼肌群

背阔肌
三角肌后束
斜方肌

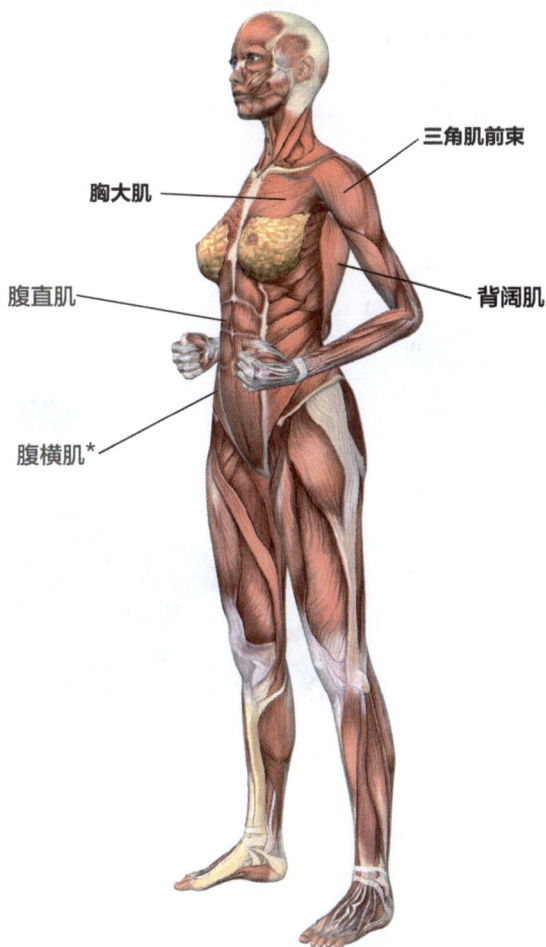

三角肌前束

胸大肌

腹直肌

背阔肌

腹横肌*

益处

· 强化肩部和上背部
　后侧肌群

有下列问题时不建议做此项练习

· 肩部问题
· 下背部疼痛

瑞士球 – 俯卧 – 划船

1. 上半身俯卧在瑞士球上，双膝着地支撑，脚趾蹬在地板上。双手握弹力带两端，中段固定在瑞士球底部，双臂伸直放在瑞士球两侧。保持腹部贴紧瑞士球。
2. 双臂同时屈肘后拉至身体两侧。
3. 回到起始姿势，重复规定的次数。

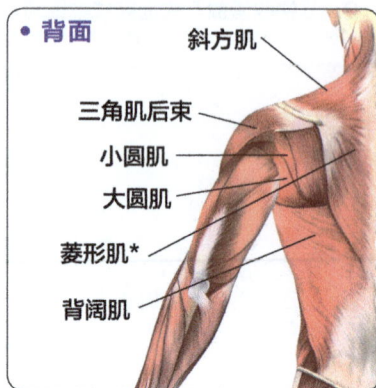

• 背面

斜方肌
三角肌后束
小圆肌
大圆肌
菱形肌*
背阔肌

保持背部挺直

固定瑞士球

肩胛骨收紧

视角转换

聚焦羽毛球

1. 本练习增加了不稳定因素，可以在保持动态稳定的前提下，提升上背部力量。
2. 本练习"快收慢放"式的完成，可以提升上背部肌群的离心收缩能力。

避免

1. 瑞士球不稳定。
2. 运动过程中身体移动。

目标锻炼肌群

斜方肌
三角肌后束
菱形肌
大圆肌
小圆肌
背阔肌

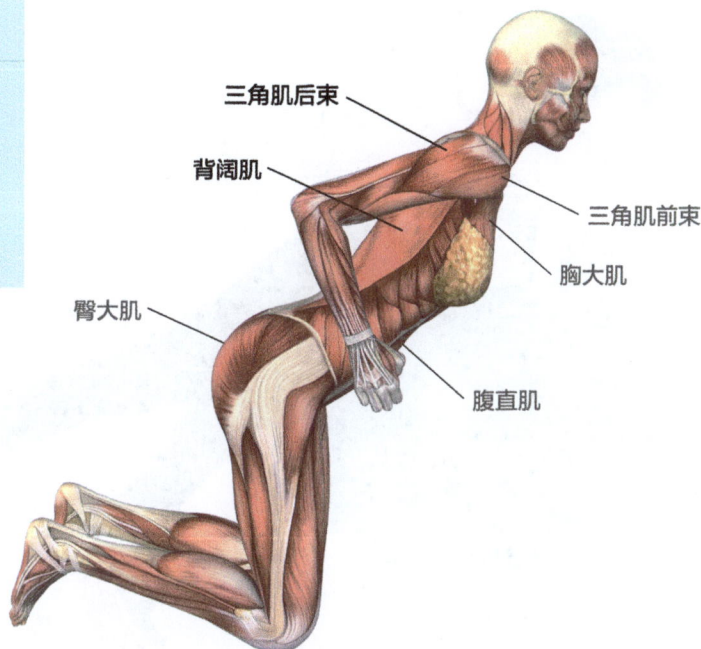

三角肌后束
背阔肌
三角肌前束
胸大肌
臀大肌
腹直肌

益处	有下列问题时不建议做此项练习
•强化肩部和上背部肌群	•肩关节疼痛 •背部疼痛 •膝关节疼痛

瑞士球 – 俯卧 – 背部伸展静力

俯卧于瑞士球上，腹部贴球支撑，脚尖蹬地。背部挺直，胸部不能贴球。双侧肩胛骨收紧，双臂伸直向髋部抬起，手臂与躯干约呈30度。保持姿势至规定的时间。

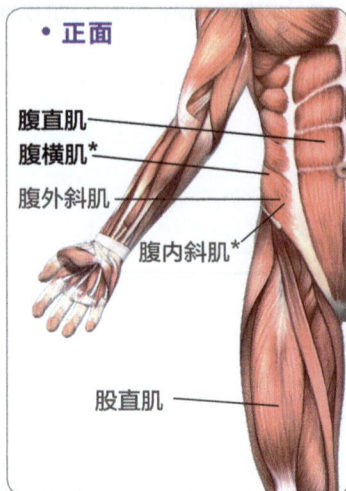

• 正面

腹直肌
腹横肌*
腹外斜肌
腹内斜肌*
股直肌

先收紧肩胛骨再
抬起手臂

背部挺直

臀部收紧

视角 转换

聚焦羽毛球

本练习可以提高上背部肌肉的等长收缩能力，并起到很好的损伤预防的作用。

避免

1. 胸部贴在瑞士球上。
2. 运动过程中身体晃动或瑞士球不稳定。

目标锻炼肌群

三角肌后束
斜方肌
菱形肌
大圆肌
小圆肌
腹直肌
腹横肌
臀大肌

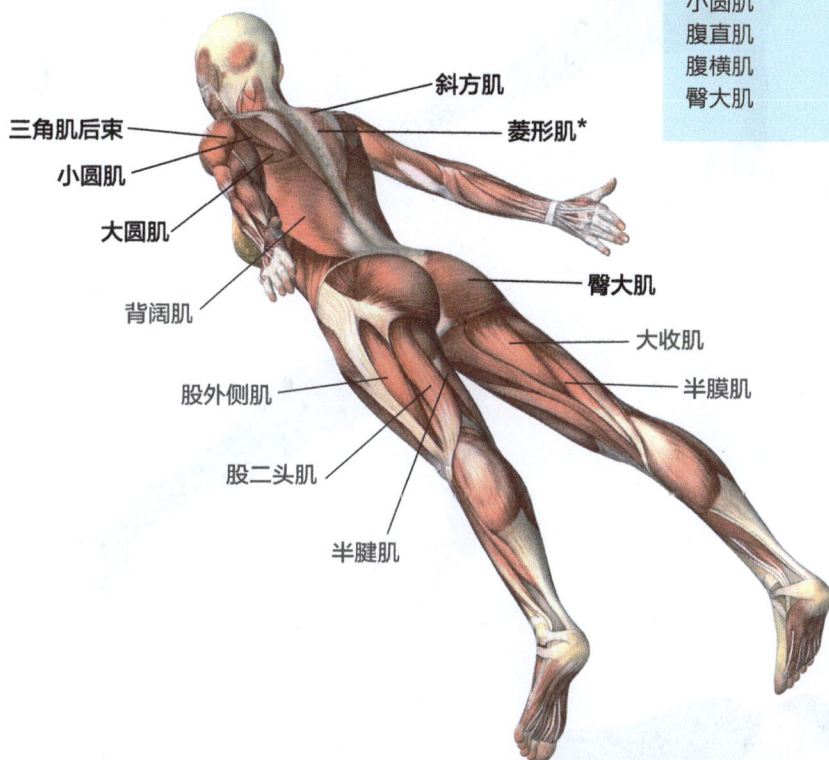

斜方肌
三角肌后束
菱形肌*
小圆肌
大圆肌
臀大肌
背阔肌
大收肌
股外侧肌
半膜肌
股二头肌
半腱肌

益处

- 强化背部伸肌和腹部肌群

有下列问题时不建议做此项练习

- 肩部问题
- 背部疼痛

BOSU 球 – 肩胛移动俯撑

1. 双手撑在BOSU球曲面上，双臂伸直，呈俯卧撑姿势。
2. 肩胛骨向前移动，使背部弓起。
3. 肩胛骨向后移动回到起始姿势，重复规定的次数。

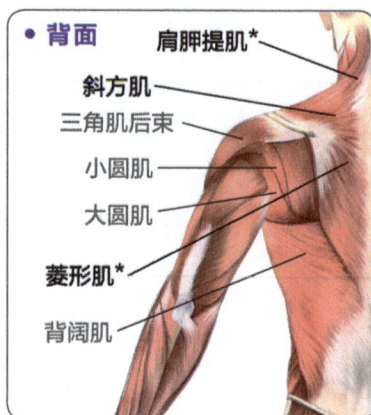

背部弓起

聚焦羽毛球

本练习可以增强肩胛周围肌群的力量，有利于提升羽毛球挥拍类动作中的能量传递效率，并预防肩部损伤。

避免

1. 弓起位置发生在腰部。
2. 臀部下塌。

目标锻炼肌群

肩胛提肌
斜方肌
菱形肌

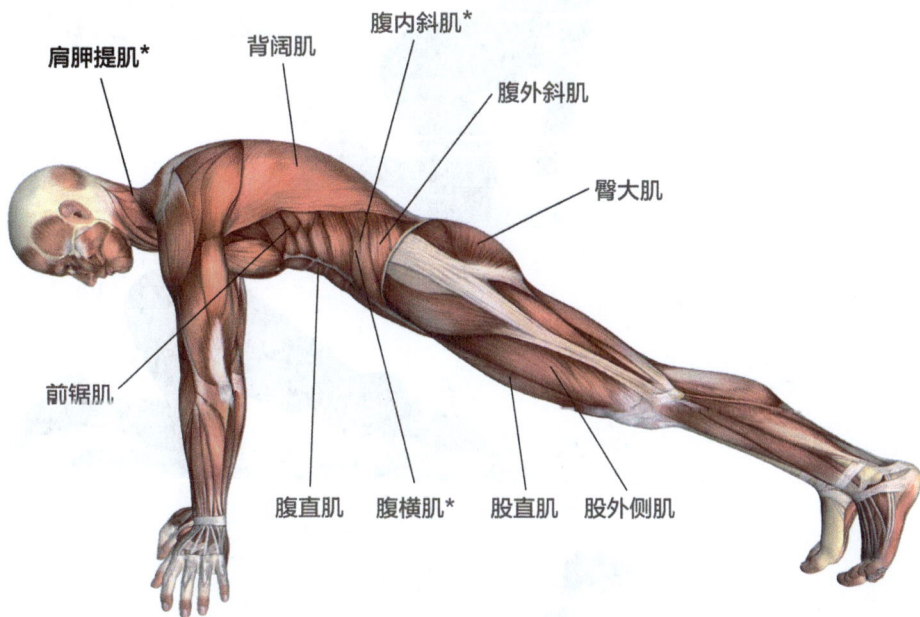

肩胛提肌*　　背阔肌　　腹内斜肌*　　腹外斜肌　　臀大肌

前锯肌

腹直肌　　腹横肌*　　股直肌　　股外侧肌

益处
- 拉伸背部，提升脊柱伸展性

有下列问题时不建议做此项练习
- 肩部问题
- 膝关节疼痛

俯卧撑轮 - 肩背部拉伸

1. 俯身双膝跪在垫子上，背部挺直，腹部收紧。双手握俯卧撑轮，手臂伸直，位于肩部下方。脚尖着地。
2. 俯身，双手滚动俯卧撑轮，向头部前方伸展，使双臂与背部呈一条直线，直至上背部肌肉有拉伸感。保持姿势规定时间。
3. 回到起始姿势，重复规定的次数。

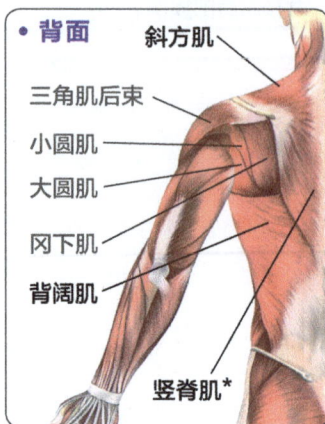

- **背面**
  - 斜方肌
  - 三角肌后束
  - 小圆肌
  - 大圆肌
  - 冈下肌
  - 背阔肌
  - 竖脊肌*

保持背部挺直

双臂与背部呈一条直线

聚焦羽毛球

本练习属于上背部和腹部整合训练，可以有效提升上背部和核心区域的动态稳定能力。良好的上半身动态稳定能力，有利于羽毛球运动中整体鞭打动作速度的传递。

避免

1. 弓背或塌腰。
2. 背部过度伸展。

目标锻炼肌群

背阔肌
斜方肌
竖脊肌

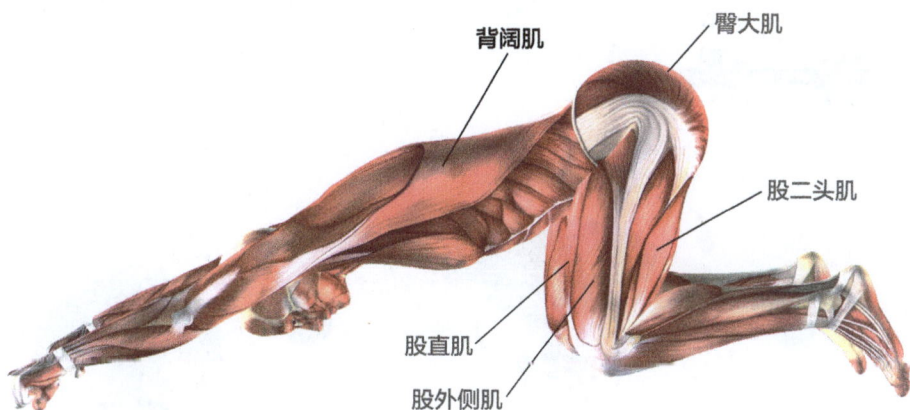

背阔肌　臀大肌　股二头肌　股直肌　股外侧肌

益处

- 拉伸背部肌肉，提升脊柱伸展性

有下列问题时不建议做此项练习

- 肩部问题
- 膝关节疼痛
- 上背部疼痛

哑铃 – 坐姿 – 俯身反向飞鸟

1. 坐在训练椅上，双手各握一只哑铃，手臂自然下垂。俯身使胸部与大腿接触。
2. 双臂同时外展至几乎与地面平行，肘关节轻微弯曲。
3. 手臂缓慢下降，回到起始姿势，重复规定的次数。

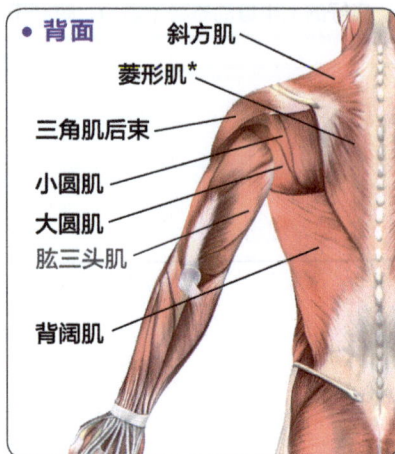

• **背面**　斜方肌
菱形肌*
三角肌后束
小圆肌
大圆肌
肱三头肌
背阔肌

肘关节轻微弯曲　　肩胛骨内收

视角 转换

聚焦羽毛球

1. 本练习会动员以菱形肌、背阔肌、三角肌后束为主的上背部肌群，可以提升挥拍的速度。
2. "快收慢放"式地完成本练习，可以提升上背部肌群的离心收缩能力。

避免

1. 运动过程中手臂过度摇晃。
2. 肘关节弯曲幅度过大

目标锻炼肌群

三角肌后束
斜方肌
大圆肌
小圆肌
背阔肌
菱形肌

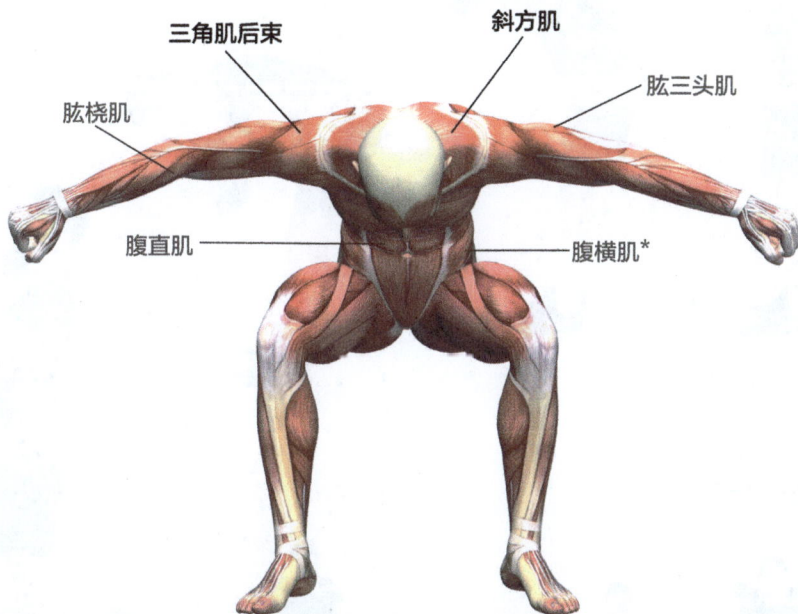

三角肌后束　　斜方肌

肱桡肌　　　　　　　　　肱三头肌

腹直肌　　　　　　　腹横肌*

益处

- 强化肩部和背部
  肌群

有下列问题时不建议做此项练习

- 肩部问题
- 上背部疼痛

哑铃 - 俯身双臂弯举起身

1. 直立站姿，双脚分开，距离略宽于肩。双手握哑铃放在肩关节上方。
2. 以髋部为轴，向前俯身。
3. 俯身至躯干与大腿约呈90度。
4. 起身回到起始姿势，重复规定的次数。

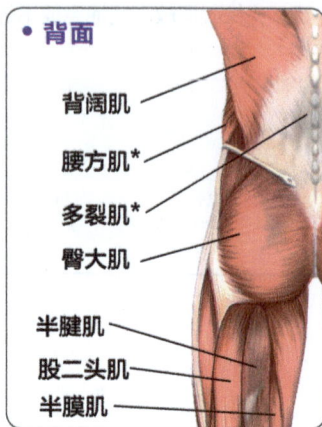

- 背面
  - 背阔肌
  - 腰方肌*
  - 多裂肌*
  - 臀大肌
  - 半腱肌
  - 股二头肌
  - 半膜肌

保持背部挺直

俯身时双膝略弯曲

视角 转换

聚焦羽毛球

1. 本练习整合了整个背部的肌群，在上肢和上背部做等长收缩的同时加强背部的整体训练。
2. 本练习有利于强化上背部和肩部的功能性力量，有效预防肩部和背部损伤。

避免

1. 运动过程中弓背。
2. 运动过程中身体过度前倾。

目标锻炼肌群

背阔肌
腰方肌
多裂肌
臀大肌
股二头肌
半腱肌
半膜肌

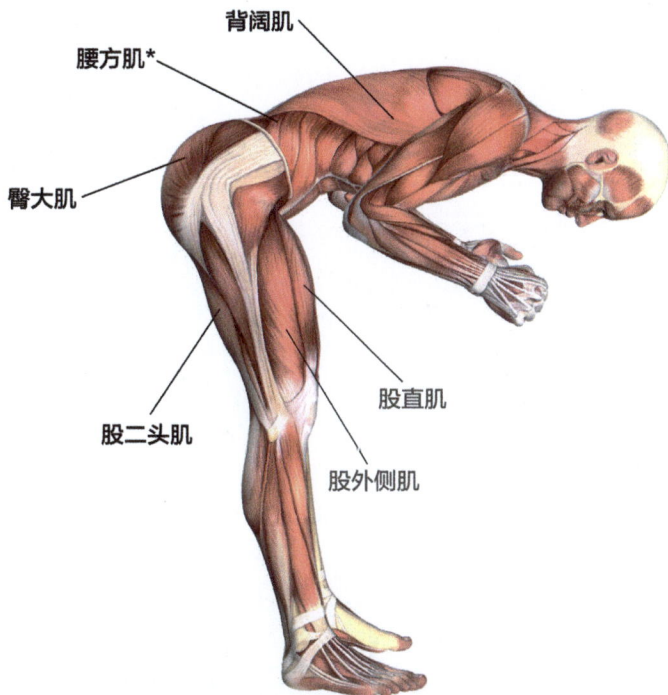

背阔肌

腰方肌*

臀大肌

股二头肌

股直肌

股外侧肌

益处

• 强化背部肌群，提升脊柱稳定性

有下列问题时不建议做此项练习

• 下背部疼痛

第 4 章

胸部训练

俯卧撑 – 宽距

1. 俯撑姿势，双手双脚撑地，双手距离约为肩宽的两倍，手臂伸直，身体从头到脚踝呈一条直线。
2. 屈肘，身体下沉，至胸部几乎碰到地面。
3. 快速推起身体，回到起始姿势，重复规定的次数。

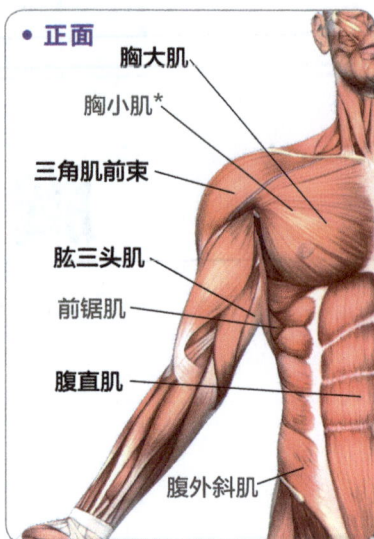

• **正面**

胸大肌
胸小肌*
三角肌前束
肱三头肌
前锯肌
腹直肌
腹外斜肌

颈部保持伸长并放松的状态

保持腹部和臀部收紧，维持身体稳定性

视角 转换

聚焦羽毛球

1. 本练习是增强胸部基础力量的典型训练动作，可以强化上肢"远端固定"下的推的能力，宽距有利于胸部更多的肌肉参与训练。
2. "快收慢放"式地完成本练习，可以提升胸部肌群的离心收缩能力，提升对挥拍的控制能力。

避免

1. 运动过程中塌腰。
2. 运动过程中臀部翘起。
3. 颈部发力。
4. 运动过程中耸肩。

目标锻炼肌群

胸大肌
三角肌前束
肱三头肌
腹直肌

变换动作

可以改变双手之间的距离，做近手俯卧撑动作。双手两大拇指和食指围成心形，做俯卧撑动作。

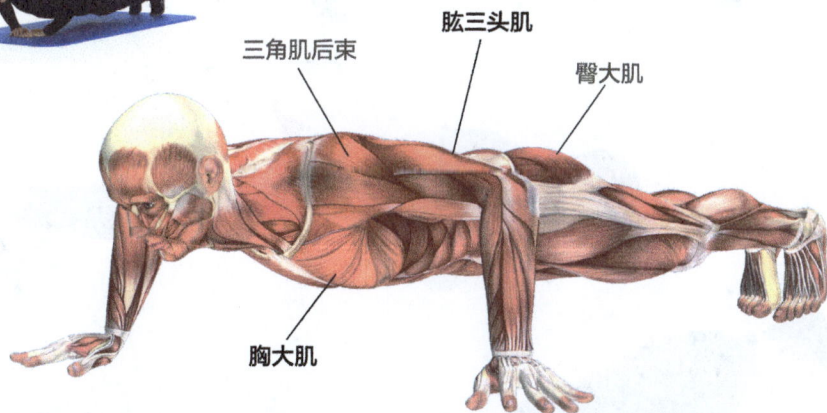

三角肌后束

肱三头肌

臀大肌

胸大肌

益处

- 强化胸部、核心和手臂肌群
- 提升肩部稳定性

有下列问题时不建议做此项练习

- 肩部问题

药球 – 单球俯卧撑

1. 俯撑姿势，双脚撑地，双手撑在药球上，手臂伸直。
2. 弯曲双肘，使身体下沉，胸部靠近药球。
3. 快速推起身体，回到起始姿势，重复规定的次数。

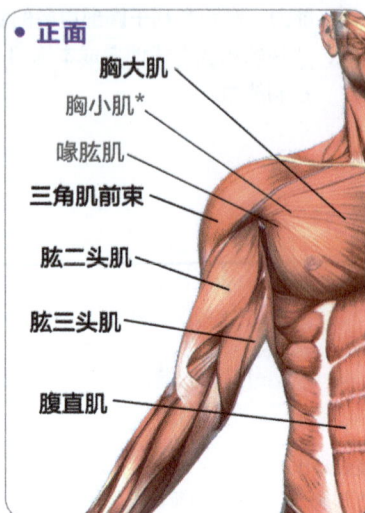

● **正面**

胸大肌

胸小肌*

喙肱肌

三角肌前束

肱二头肌

肱三头肌

腹直肌

保持身体呈一条直线

臀部不要翘起

尽量保持药球的稳定

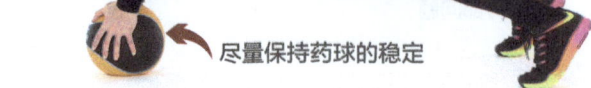

聚焦羽毛球

本练习采用不稳定的方式进行胸部肌群的力量训练，同时强化肩关节的稳定性，并在动态稳定的条件下强化推的功能。有利于提升羽毛球挥拍动作中的速度传递。

避免

1. 运动过程中身体晃动。
2. 运动过程中塌腰或臀部翘起。

目标锻炼肌群

胸大肌
三角肌前束
肱三头肌
肱二头肌
腹直肌

提高难度

除了单球俯卧撑外，还可以做双球俯卧撑，通过增加不稳定性提升难度。同样以俯撑姿势开始，双手分别撑在药球上，距离略比肩宽，然后弯曲双肘，做俯卧撑动作。

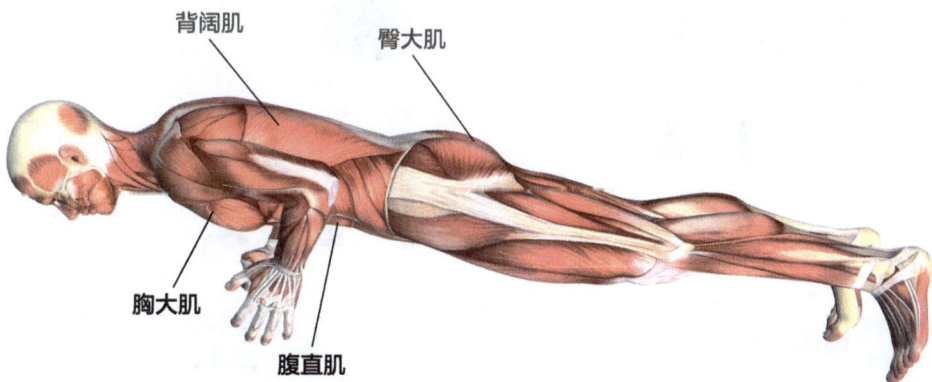

背阔肌

臀大肌

胸大肌

腹直肌

益处

· 强化胸部、核心和手臂肌群
· 提升肩部和骨盆的稳定性

有下列问题时不建议做此项练习

· 肩部问题
· 手腕疼痛
· 下背部疼痛

弹力带 – 站姿 – 飞鸟

1. 直立站姿，双脚分开，距离约与肩同宽。弹力带放在背后，双手握弹力带的两端，双臂水平张开呈侧平举姿势，保持弹力带张力。
2. 保持背部挺直，手臂内收，双臂同时做飞鸟动作。双臂内收至身体正前方，掌心相对。
3. 慢慢张开双臂，回到起始姿势，重复规定的次数。

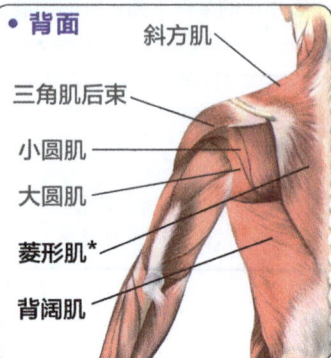

● **背面**

斜方肌
三角肌后束
小圆肌
大圆肌
菱形肌*
背阔肌

掌心向前

掌心相对

视角 **转换**

聚焦羽毛球

1. 本练习是增强胸部基础力量的典型训练动作，可以强化羽毛球挥拍动作中胸部肌群的参与程度。

2. "快收慢放"式地完成本练习，可以提升胸部肌群的离心收缩能力，提升对挥拍的控制能力。

避免

1. 双臂过度向后伸展。
2. 双手速度过快，弹力带张力不稳定。
3. 运动过程中肘关节弯曲。

目标锻炼肌群

胸大肌
胸小肌
三角肌前束
菱形肌
背阔肌

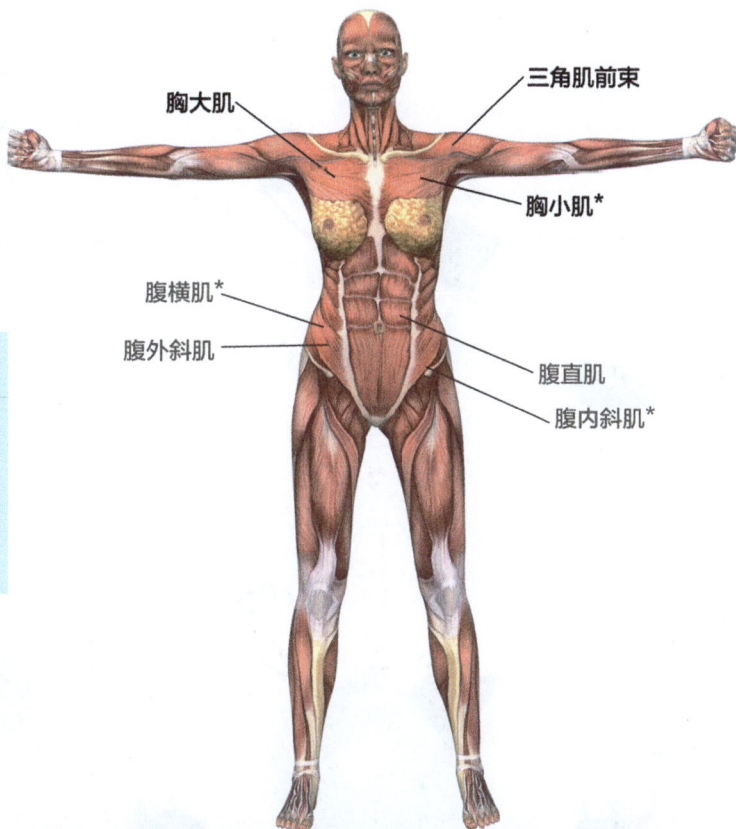

胸大肌

三角肌前束

胸小肌*

腹横肌*

腹外斜肌

腹直肌

腹内斜肌*

益处
- 强化胸部、肩部和背部肌群

有下列问题时不建议做此项练习
- 肩部问题
- 腕部疼痛
- 下背部疼痛

弹力带 – 瑞士球 – 仰卧 – 双臂胸前推

1. 仰卧在瑞士球上，整个背部贴在球上，双脚踩实地面。弹力带绕过背部中间位置握在双手中。肘关节弯曲，双臂放在身体两侧。
2. 双臂同时抗阻前推。至肘关节伸直，手臂与躯干约呈90度。
3. 回到起始姿势，重复规定的次数。

• **正面**

胸大肌
胸小肌*
三角肌前束
肱二头肌
腹直肌
腹内斜肌*

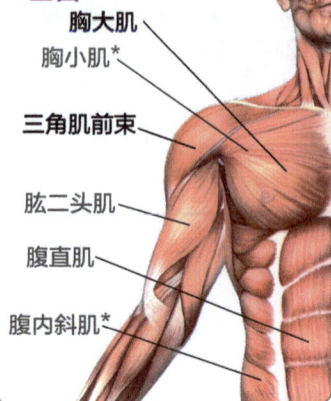

腹部收紧，保持
身体稳定

双脚始终
踩实地面

聚焦羽毛球

1. 本练习是增强胸部基础力量的典型训练动作，可以强化羽毛球挥拍动作中胸部肌群的参与程度。
2. "快收慢放"式地完成本练习，可以提升胸部肌群的离心收缩能力，提升对挥拍的控制能力。

避免

1. 运动过程中身体过度晃动。
2. 双手速度过快，弹力带张力不稳定。

目标锻炼肌群

胸大肌
三角肌前束
肱三头肌

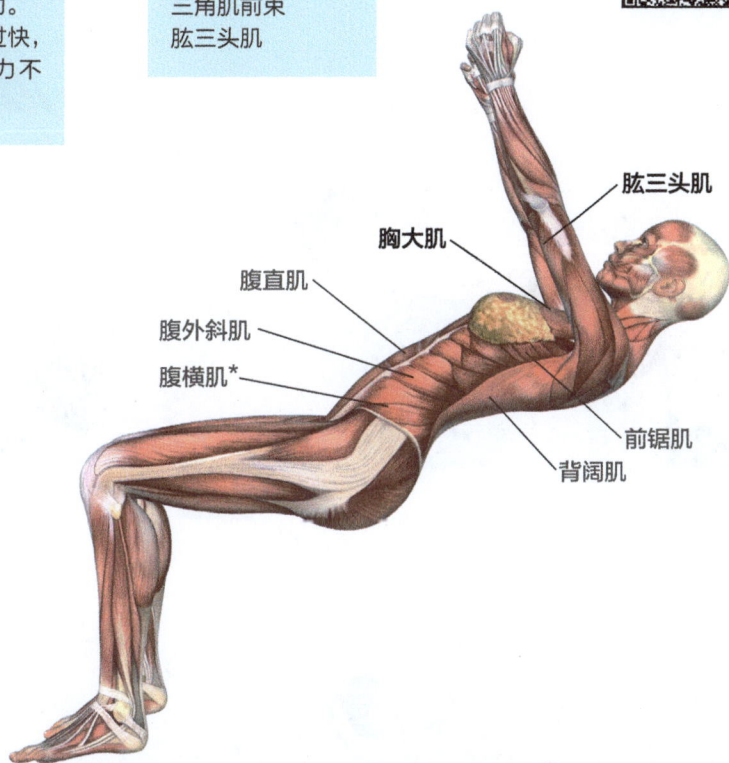

肱三头肌

胸大肌

腹直肌

腹外斜肌

腹横肌*

前锯肌

背阔肌

益处

- 强化胸部、肩部和手臂肌群
- 增强核心稳定性

有下列问题时不建议做此项练习

- 肩部问题
- 腕部疼痛
- 上背部疼痛

弹力带 – 瑞士球 – 仰卧 – 双臂交替胸前推

1. 仰卧在瑞士球上，整个背部贴在球上，双脚踩实地面。弹力带绕过背部中间位置握在双手。肘关节弯曲，双臂放在身体两侧。
2. 左臂抗阻前推，至肘关节伸直，手臂与躯干约呈90度。
3. 左臂屈肘回到初始位后，换右臂抗阻前推。
4. 回到起始姿势，双臂交替重复规定的次数。

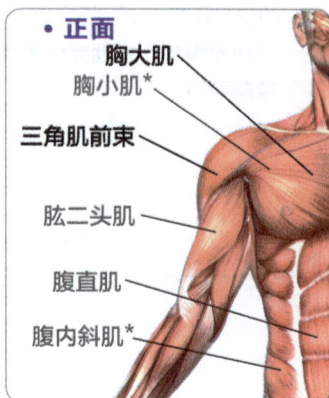

• 正面

胸大肌

胸小肌*

三角肌前束

肱二头肌

腹直肌

腹内斜肌*

屈膝呈
90 度

臀部和腹部收紧，
保持身体稳定

双脚一直踩实地面

聚焦羽毛球

1. 本练习是增强胸部基础力量的典型训练动作，可以强化羽毛球挥拍动作中胸部肌群的参与程度。
2. "快收慢放"式地完成本练习，可以提升胸部肌群的离心收缩能力，提升对挥拍的控制能力。

避免

1. 运动过程中身体过度晃动。
2. 双手速度过快，弹力带张力不稳。

目标锻炼肌群

胸大肌
三角肌前束
肱三头肌

变换动作

可以用哑铃替代弹力带，做同样的训练动作。

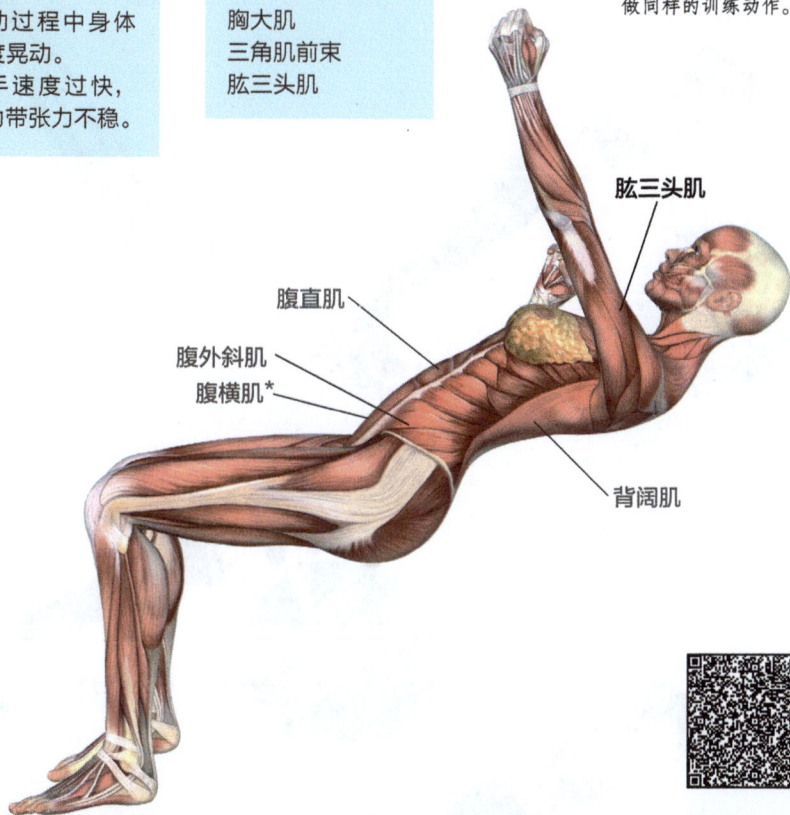

肱三头肌

腹直肌

腹外斜肌

腹横肌*

背阔肌

益处

• 强化胸部、肩部和手臂肌群
• 增强核心稳定性

有下列问题时不建议做此项练习

• 肩部问题
• 腕部疼痛
• 上背部疼痛

瑞士球 – 上斜 – 俯卧撑

1. 俯撑姿势，双手撑在瑞士球上，保持双手位于肩部正下方，手臂伸直。双脚撑地，距离约与肩同宽。身体从头到脚踝呈一条直线。
2. 弯曲双肘，使身体下沉，胸部靠近瑞士球。
3. 快速推起身体，回到起始姿势，重复规定的次数。

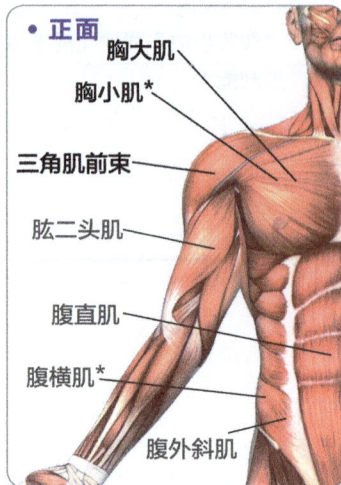

• **正面**

胸大肌
胸小肌*
三角肌前束
肱二头肌
腹直肌
腹横肌*
腹外斜肌

双手撑在瑞士球上

尽可能保持球稳定

脚跟提起，用脚尖维持身体平衡

聚焦羽毛球

1. 本练习增加了不稳定因素，可以在动态稳定的前提下，增强胸部力量，同时还可以强化挥拍动作中胸部肌群的参与程度，并能提升挥拍过程中的速度传递效率。
2. "快收慢放"式地完成本练习，可以提升胸部肌群的离心收缩能力，提升对挥拍的控制能力。

避免

1. 运动过程中背部拱起。
2. 完成动作过于匆忙。

目标锻炼肌群

胸大肌
胸小肌
三角肌前束

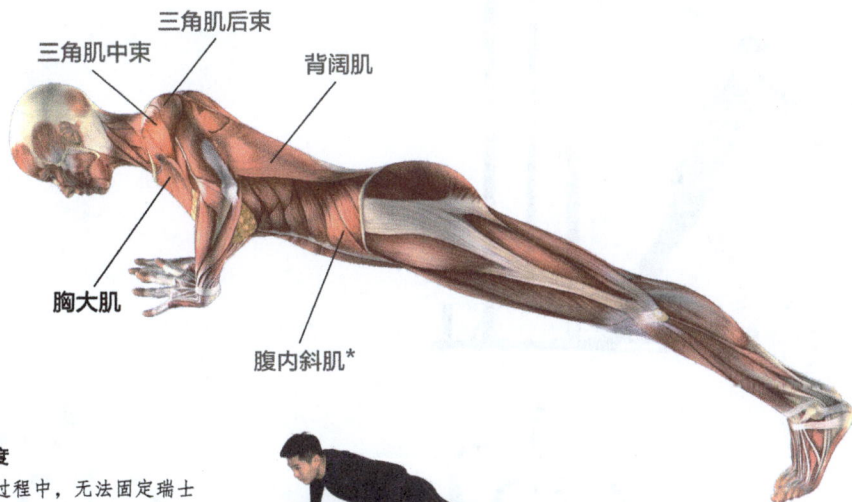

三角肌后束
三角肌中束
背阔肌
胸大肌
腹内斜肌*

降低难度
若运动过程中，无法固定瑞士球，可降低难度，从徒手上斜俯卧撑做起。

益处

- 强化上肢力量与稳定性
- 增强核心稳定性

有下列问题时不建议做此项练习

- 肩部问题
- 腕部疼痛
- 上背部疼痛

TRX- 双臂胸前推

1. 双手正握把手置于胸部正前方，距离略比肩宽，手臂伸直。保持躯干稳定，双腿伸直并拢，身体适当前倾，从头到脚身体呈一条直线，保证悬吊带斜挂绷直。
2. 保持身体呈一条直线，弯曲肘关节，身体下沉，至肘关节完全弯曲。
3. 快速推起身体，回到起始姿势，重复规定的次数。

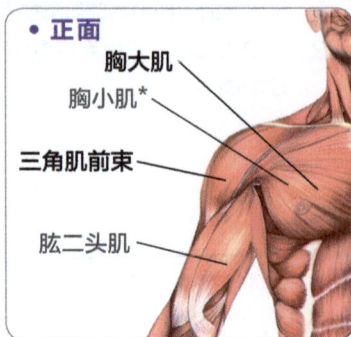

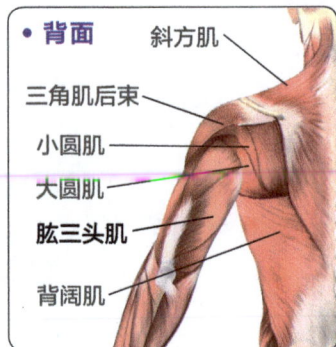

• **正面**
胸大肌
胸小肌*
三角肌前束
肱二头肌

• **背面**
斜方肌
三角肌后束
小圆肌
大圆肌
肱三头肌
背阔肌

保持躯干与双腿呈一条直线

前推时双脚脚掌撑地

聚焦羽毛球

1. 本练习增加了不稳定因素，可以在动态稳定的前提下，增强胸部力量，同时还可以强化挥拍动作中胸部肌群的参与程度，并能提升挥拍过程中的速度传递效率。
2. "快收慢放"式地完成本练习，可以提升胸部肌群的离心收缩能力，提升对挥拍的控制能力。

避免

1. 运动过程中塌腰或臀部翘起。
2. 运动过程中身体晃动。

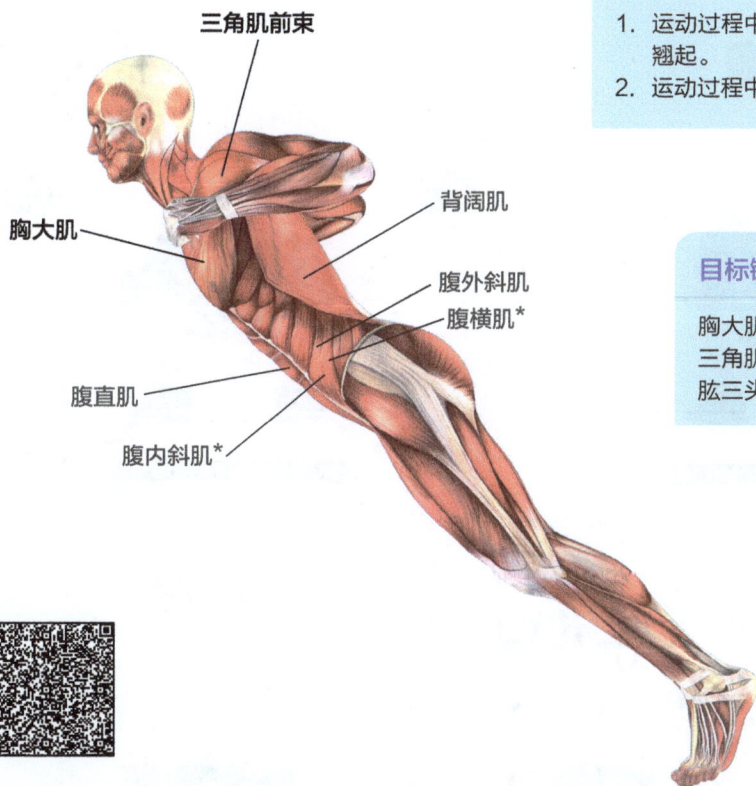

三角肌前束

背阔肌

胸大肌

腹外斜肌

腹横肌*

腹直肌

腹内斜肌*

目标锻炼肌群

胸大肌
三角肌前束
肱三头肌

益处

· 强化胸部、肩部和手臂肌群
· 增强核心稳定性

有下列问题时不建议做此项练习

· 肩部问题
· 腕部疼痛

哑铃 – 仰卧 – 双臂飞鸟

1. 仰卧在训练椅上，双手握哑铃，掌心相对，
   双臂伸直，距离约与肩同宽。躯干与大腿呈
   一条直线。
2. 双臂打开，做飞鸟动作。
3. 回到起始姿势，重复规定的次数。

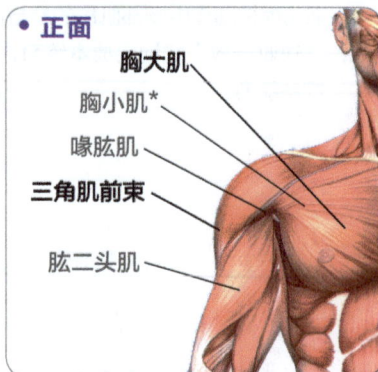

● 正面

胸大肌
胸小肌*
喙肱肌
三角肌前束
肱二头肌

背部挺直贴在
训练椅上

保持双脚踩
实地面

视角 转换

聚焦羽毛球

1. 本练习是增强胸部基础力量的典型训练动作，可以强化挥拍动作中胸部肌群的参与程度。
2. "快收慢放"式地完成本练习，可以提升胸部肌群的离心收缩能力，提升对挥拍的控制能力。

避免

1. 肩部抬高。
2. 身体离开训练椅。
3. 双手移动速度过快，哑铃不稳定。

目标锻炼肌群

胸大肌
三角肌前束

提高难度
将训练椅换成瑞士球，利用瑞士球的不稳定性提升动作难度。

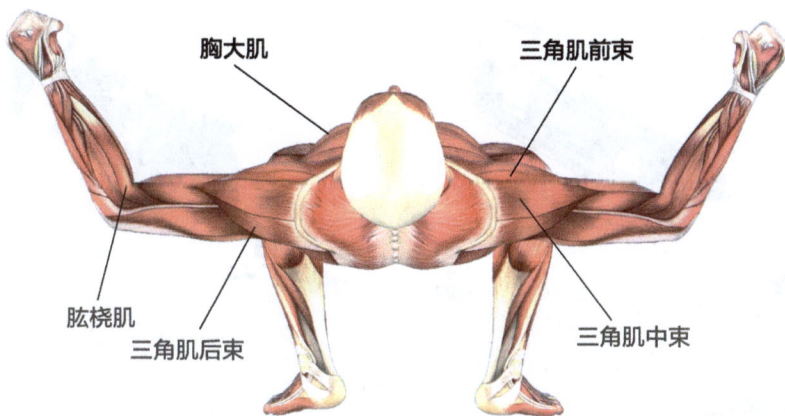

胸大肌　　三角肌前束

肱桡肌　　三角肌后束　　三角肌中束

益处
· 强化胸部和手臂肌群

有下列问题时不建议做此项练习
· 肩部问题
· 腕部疼痛

哑铃 – 上斜 – 双臂胸前推举

1. 将训练椅调节为上斜30到45度的范围，坐在训练椅上，身体仰卧。双手握住哑铃，放于肩关节前。
2. 双臂同时上举，至肘关节完全伸直，掌心向前，推举过程中保持哑铃稳定。
3. 回到起始姿势，重复规定的次数。

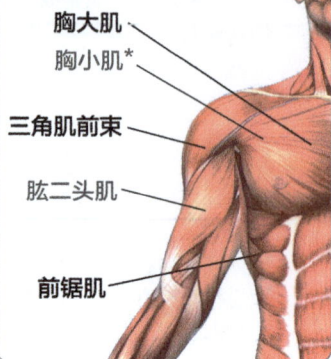

- **正面**

胸大肌
胸小肌*
三角肌前束
肱二头肌
前锯肌

双脚踩地

肘关节伸直

视角 转换

聚焦羽毛球

1. 本练习是增强胸部基础力量的典型训练动作，可以强化挥拍动作中胸部肌群的参与程度。
2. "快收慢放"式地完成本练习，可以提升胸部肌群的离心收缩能力，提升对挥拍的控制能力。

避免

1. 运动过程中双手速度过快。
2. 运动过程中头部或肩部离开训练椅。

目标锻炼肌群

胸大肌
三角肌前束
肱三头肌
前锯肌

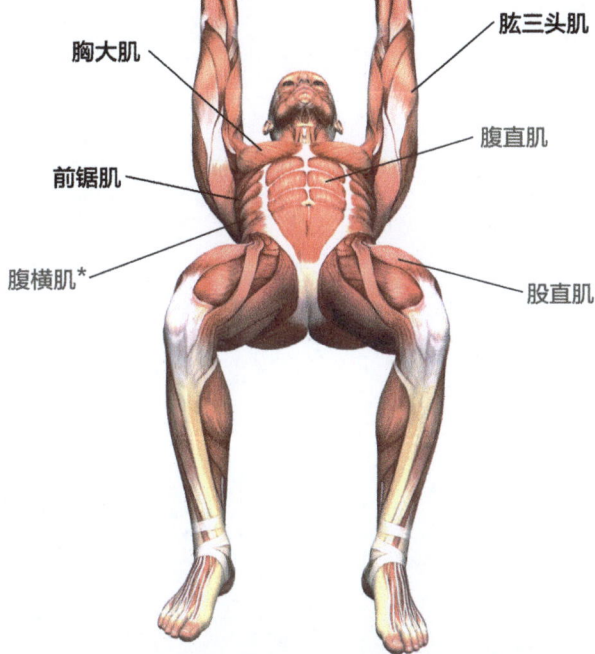

提高难度
可以用瑞士球替换训练椅，增加不稳定性，提高动作难度。

胸大肌
前锯肌
腹横肌*

肱三头肌
腹直肌
股直肌

益处

- 强化胸部、肩部和手臂肌群

有下列问题时不建议做此项练习

- 肩部问题
- 腕部疼痛

第 5 章

躯干支柱力量训练

弹力带 – 站姿 – 旋转上提

1. 直立站姿，双手握住一端固定在体侧低处的弹力带，并放在髋关节侧面，身体向弹力带一侧转体，双臂伸直，保持重心在右脚。保持弹力带张力。

2. 向左侧转身，呈直立姿正常站立，同时，将弹力带提拉至胸部。

3. 旋转身体至左侧，重心移至左脚，同时将弹力带向头顶左上方提，双腿双臂伸直。回到起始姿势，重复规定的次数。

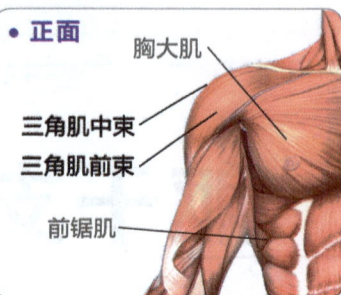

• **正面**

胸大肌

三角肌中束
三角肌前束

前锯肌

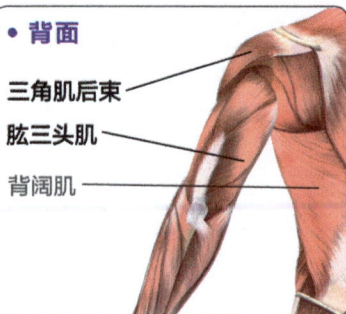

• **背面**

三角肌后束

肱三头肌

背阔肌

双臂伸直

后腿蹬直

聚焦羽毛球

1. 本练习可以提升核心区域对侧链速度的传递效率，有利于提升挥拍动作中的稳定性和速度。
2. "快收慢放"式地完成本练习，可以提升核心区域的动态稳定能力。

避免

1. 动作完成速度过快。
2. 运动过程中手臂过度晃动。

目标锻炼肌群

臀大肌
臀中肌
腹内斜肌
腹外斜肌
三角肌前束
三角肌后束
三角肌中束
肱三头肌

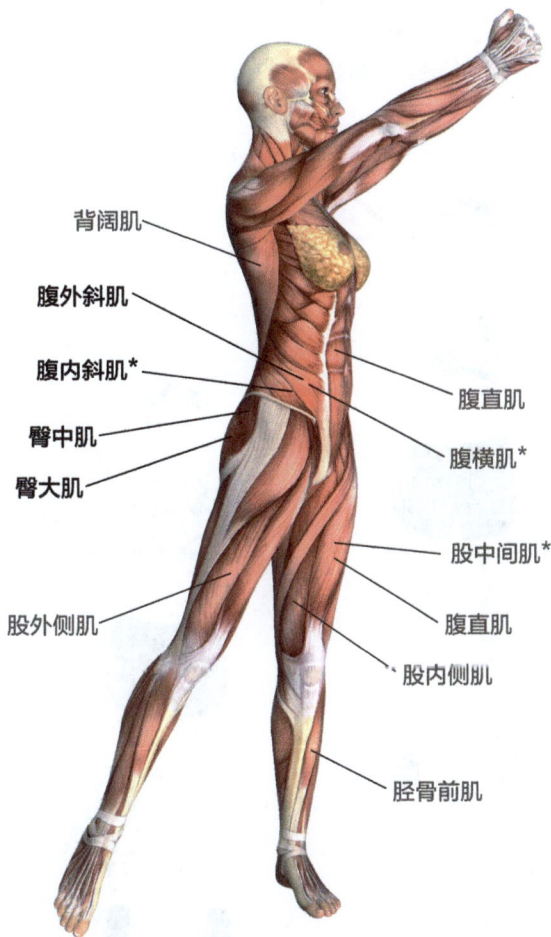

背阔肌
腹外斜肌
腹内斜肌*
臀中肌
臀大肌
股外侧肌

腹直肌
腹横肌*
股中间肌*
腹直肌
股内侧肌
胫骨前肌

益处
- 加强身体的旋转爆发力

有下列问题时不建议做此项练习
- 肩部问题
- 下背部疼痛

弹力带 – 站姿 – 稳定下拉

1. 直立站姿，双脚分开，距离约与肩同宽。双手握住弹力带两端，放于头部左侧45度位置，左臂伸直，右臂弯曲。
2. 保持躯干稳定，右手向斜下方拉出弹力带，拉至右侧髋关节外侧。
3. 回到起始姿势，重复规定的次数，对侧亦然。

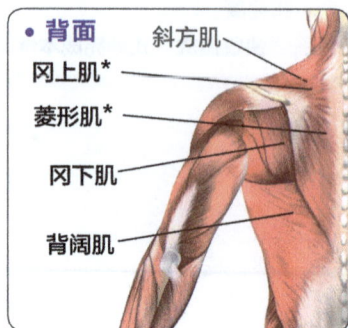

• **背面** 斜方肌
冈上肌*
菱形肌*
冈下肌
背阔肌

聚焦羽毛球

1. 本练习可以提升核心区域动力链速度的传递效率，可以提升挥拍动作中的稳定性和速度。
2. "快收慢放"式地完成本练习，可以提升核心区域的动态稳定能力。

避免

1. 肩胛骨不参与。
2. 手臂力量过度代偿。

目标锻炼肌群

背阔肌
菱形肌
冈上肌
冈下肌
肩胛下肌

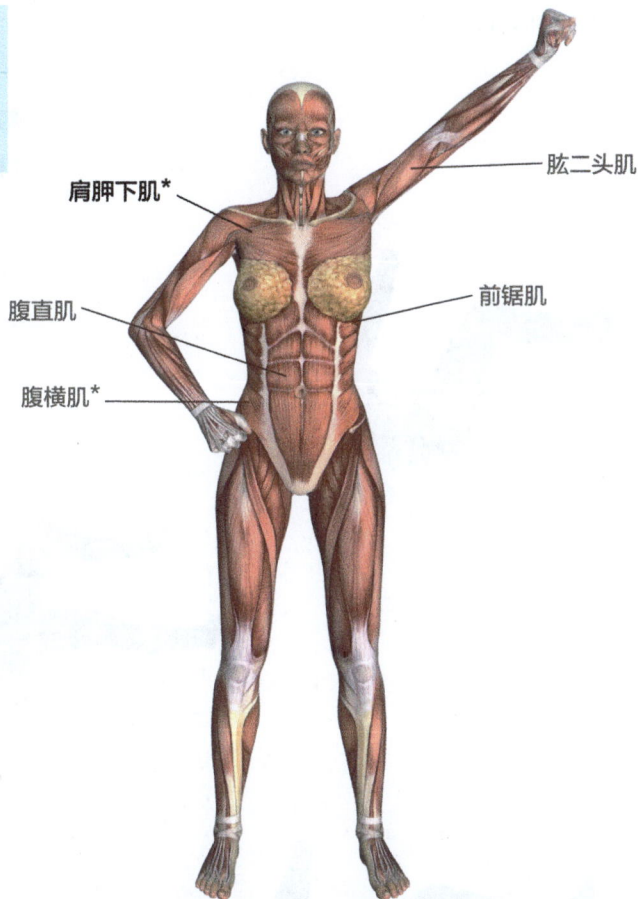

肩胛下肌*

腹直肌

腹横肌*

肱二头肌

前锯肌

益处	有下列问题时不建议做此项练习
·增强核心稳定性	·肩部问题 ·腕部疼痛 ·上背部疼痛

BOSU 球 – 仰卧 – 交叉提膝伸臂

1. 仰卧在BOSU球曲面上，腹部收紧，屈髋屈膝呈90度。双臂于胸前伸直。
2. 对侧手和腿伸直。
3. 回到起始姿势。换另外一侧手和脚。重复规定的次数。

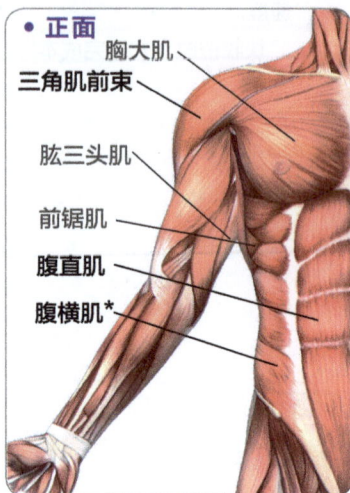

• **正面**

- 胸大肌
- **三角肌前束**
- 肱三头肌
- 前锯肌
- **腹直肌**
- **腹横肌***

对侧手和腿伸直

聚焦羽毛球

1. 本练习增加了不稳定因素可以提升核心的动态稳定能力，有利于提升挥拍动作的稳定和速度。
2. 本练习可以通过提升核心肌群的利用效率，提升在场地上的移动速度。

避免

1. 运动过程中身体晃动。
2. 运动过程中颈部严重屈曲。

目标锻炼肌群

腹直肌
腹横肌
股直肌
股二头肌
三角肌前束

变换动作

坐在 BOSU 球曲面上，双腿并拢伸直，脚离地，双手置于头部两侧，对侧肘关节与膝关节相接触。

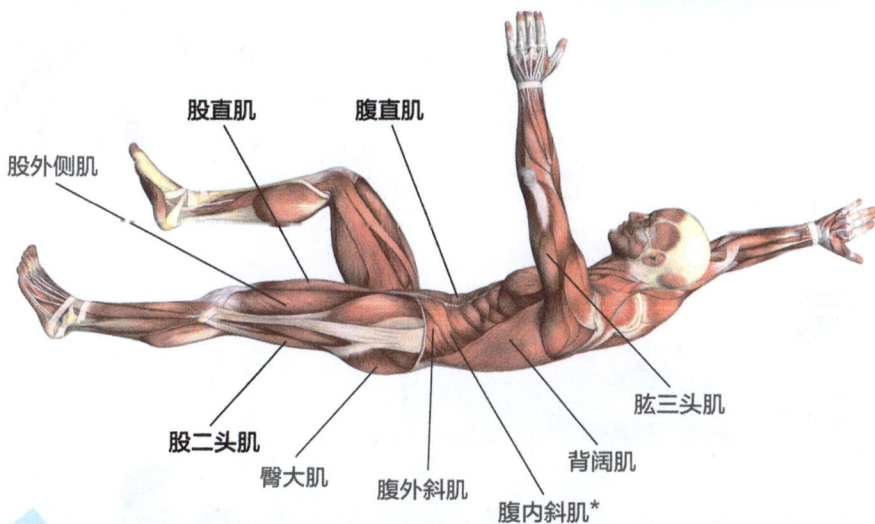

股直肌

腹直肌

股外侧肌

肱三头肌

股二头肌

臀大肌

腹外斜肌

腹内斜肌*

背阔肌

益处

- 增强核心稳定性
- 强化腹部

有下列问题时不建议做此项练习

- 肩部问题
- 下背部疼痛

BOSU 球 – 药球 – 稳定转体

1. 坐在BOSU球曲面上，双手持药球置于胸部前方，躯干与大腿呈V形，双脚离地。
2. 身体躯干向左侧旋转，将药球从身前移动到髋关节外侧，药球接触BOSU球。
3. 回到起始姿势，换另一侧重复动作，两侧交替完成规定的次数。

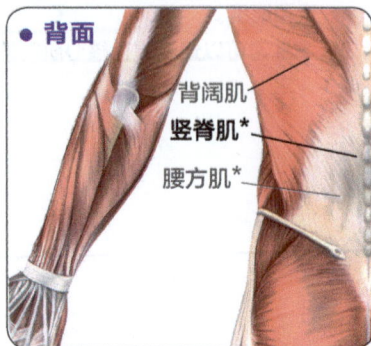

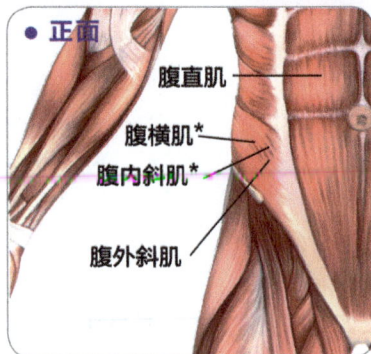

● 背面

背阔肌

竖脊肌*

腰方肌*

● 正面

腹直肌

腹横肌*

腹内斜肌*

腹外斜肌

腹部保持收紧

聚焦羽毛球

1. 本练习增加了不稳定因素后可以提升整体核心区域的动态稳定能力，有利于提升挥拍动作的稳定和速度。
2. 运动过程中的转体动作有利于加强挥拍动作中的转体动作。

避免

1. 运动过程中弓背或耸肩。
2. 运动过程中忽动忽停。
3. 运动过程中扭转双膝或双脚。

目标锻炼肌群

腹内斜肌
腹外斜肌
竖脊肌
腹直肌
腹横肌
前锯肌

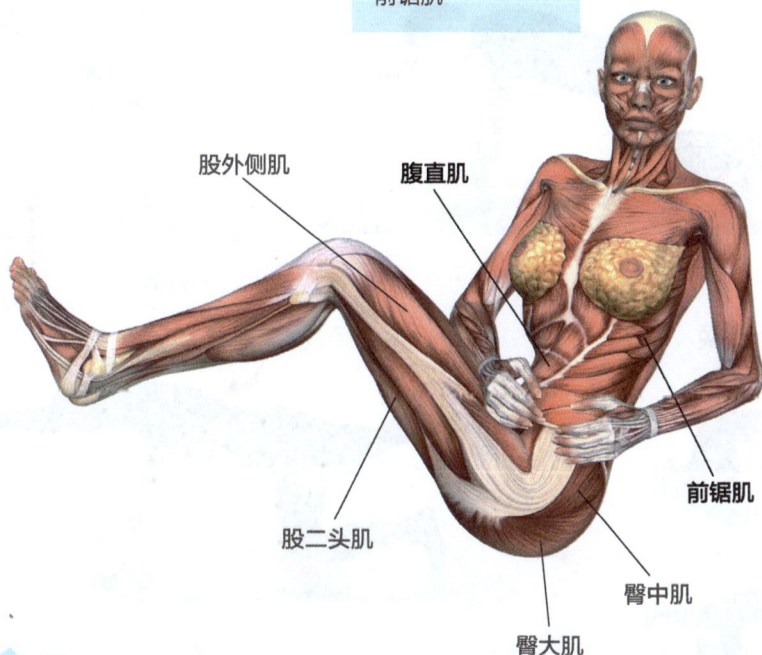

股外侧肌

腹直肌

股二头肌

前锯肌

臀中肌

臀大肌

益处

• 强化核心肌群，增强核心稳定性

有下列问题时不建议做此项练习

• 颈部疼痛
• 下背部疼痛

榴莲球－四点不稳定支撑－四肢交替上抬

1. 将四个榴莲球放在地上，平面朝上，双膝、双手放在榴莲球平面上支撑身体。双手双膝距离与肩同宽，保证头部在正中央。
2. 慢慢地把左腿向后伸直，同时向前伸展右臂至完全伸展，直至与地面平行。
3. 收回右臂和左腿，回到起始姿势。换对侧手脚练习相同动作。重复规定的次数。

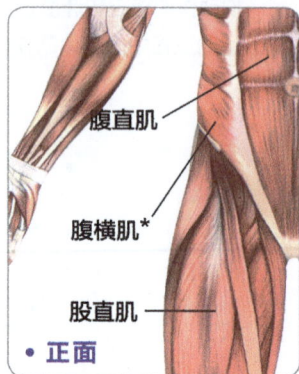

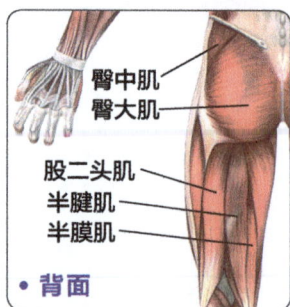

腹直肌

腹横肌*

股直肌

• 正面

保持头部与躯干齐平

臀中肌
臀大肌

股二头肌
半腱肌
半膜肌

• 背面

视角 转换

背部挺直，腹部收紧

聚焦羽毛球

1. 本练习增加了不稳定因素后可以提升核心区域的动态稳定能力，特别是背侧链收缩能力，有利于提升挥拍动作的稳定和速度。
2. 本练习可以提升身体移动与挥拍动作的稳定性，特别是倒退步伐的启动稳定性。

避免

1. 运动过程中骨盆发生倾斜，例如在抬起对侧下肢之前，该侧骨盆向下倾斜。
2. 运动过程中塌腰。

降低难度

若运动过程中无法控制身体平衡，可将榴莲球的平面朝下或将榴莲球去掉，从四点稳定支撑开始练习。

目标锻炼肌群

腹直肌
腹横肌
腹外斜肌
腹内斜肌
股直肌
臀大肌
臀中肌
股二头肌
半膜肌
半腱肌

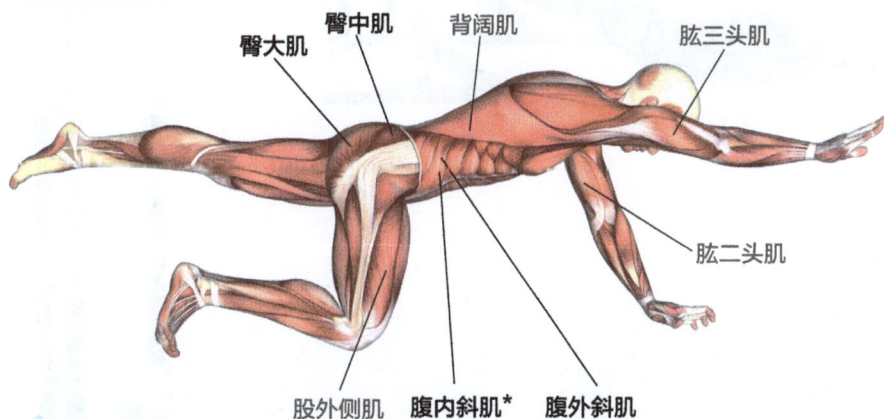

臀大肌　臀中肌　背阔肌　肱三头肌

肱二头肌

股外侧肌　腹内斜肌*　腹外斜肌

益处
- 强化上肢、下肢及核心稳定性

有下列问题时不建议做此项练习
- 腕关节损伤
- 膝关节疼痛
- 下背部疼痛

TRX- 双腿臀桥

1. 仰卧在地面上，双手放于身体两侧，掌心向下，双腿伸直，双脚放在TRX把手上，脚尖向上。
2. 向上顶髋，将臀部抬离地面，直至身体从肩到脚踝呈一条直线。固定姿势，保持规定的时间。

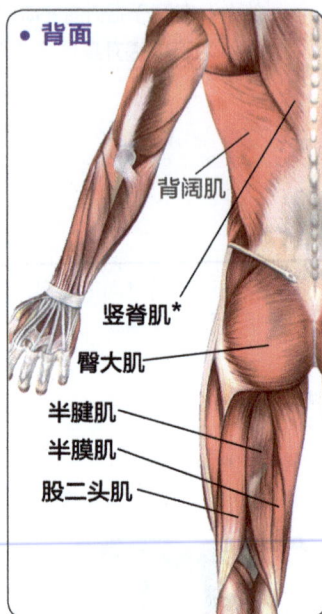

• 背面

背阔肌

竖脊肌*

臀大肌

半腱肌

半膜肌

股二头肌

腹部收紧

臀部收紧

聚焦羽毛球

1. 本练习在"远端固定"的前提下来提升下背部肌群的动态稳定能力，有利于提升羽毛球挥拍动作的稳定和速度。
2. 本练习也可以有效预防髋部损伤。

避免

1. 臀部下沉。
2. 身体抬高时脊柱过度伸展，超过大腿高度。

目标锻炼肌群

臀大肌
竖脊肌
半腱肌
半膜肌
股二头肌
腹直肌
腹横肌

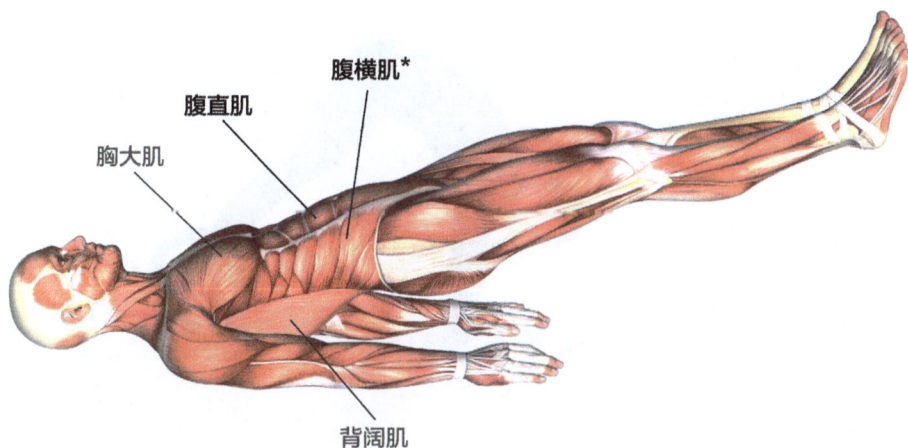

胸大肌
腹直肌
腹横肌*
背阔肌

益处

- 增强骨盆和核心肌群的稳定性

有下列问题时不建议做此项练习

- 肩部问题
- 下背部疼痛

腹肌轮 – 直膝屈髋练习

1. 俯撑姿势，双腿伸直，双脚放在腹肌轮上。
2. 臀部上抬，屈髋，朝头部方向滚动腹肌轮，
   至躯干与大腿约呈90度。
3. 伸髋、臀部下降，回到起始姿势，重复规定
   的次数。

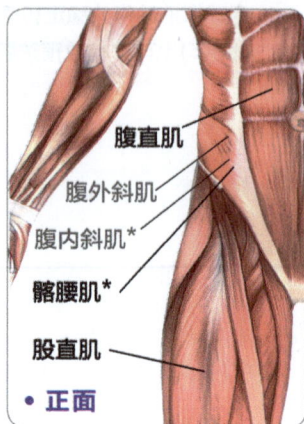

背部挺直

腹部收紧

腹直肌
腹外斜肌
腹内斜肌*
髂腰肌*
股直肌
• 正面

保持膝关节伸直

聚焦羽毛球

1. 本练习在"远端固定"的前提下，来提升核心区域前侧链肌群的动态稳定能力，有利于提升羽毛球挥拍动作的稳定和速度。
2. 本练习可以提升身体移动与挥拍动作的稳定性，特别是前向步伐的启动稳定性。

避免

1. 肘关节或膝关节弯曲。
2. 肩部上提。

目标锻炼肌群

腹直肌
腹横肌
髂腰肌
股直肌

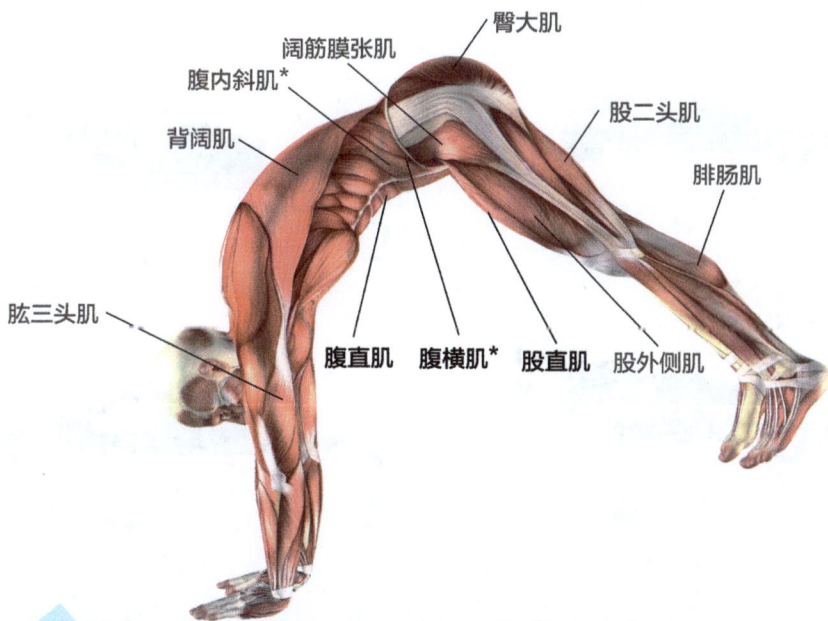

臀大肌
阔筋膜张肌
腹内斜肌*
背阔肌
股二头肌
腓肠肌
肱三头肌
腹直肌　**腹横肌*** 　**股直肌**　股外侧肌

益处

- 强化髋部屈肌和腹部肌群、增强核心稳定性

有下列问题时不建议做此项练习

- 腕部疼痛
- 下背部疼痛

哑铃 - 俯卧 - 背起转体

1. 俯卧在训练凳上，双脚固定在训练凳上，腹部以上悬空。双手握一只哑铃放在头部下方。
2. 向上背起，使躯干平行于地面。
3. 然后躯干向一侧旋转。
4. 回到起始姿势。
5. 再次背起，保持躯干平行于地面。
6. 然后躯干向另一侧旋转。最后回到起始姿势，重复规定的次数。

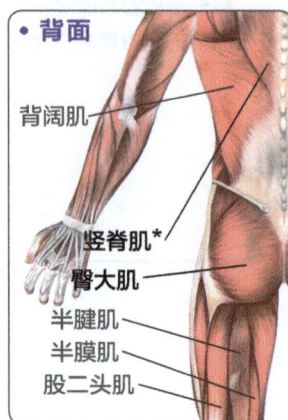

• 背面

背阔肌

竖脊肌*

臀大肌

半腱肌

半膜肌

股二头肌

髋部不要离开训练凳

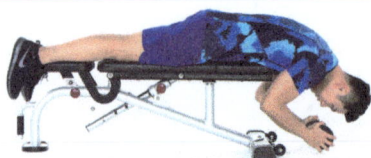

双腿适中保持
紧张状态

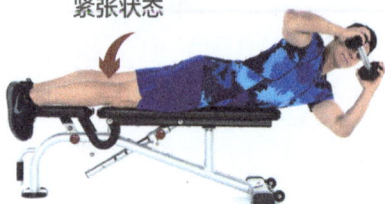

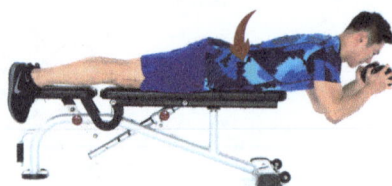

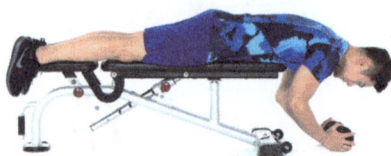

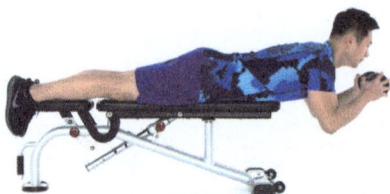

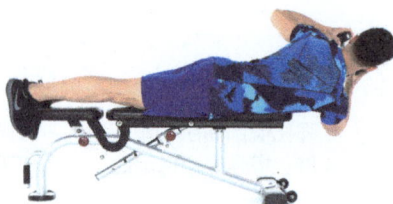

聚焦羽毛球

1. 本练习针对性强化核心区域背侧链的旋转能力，同时可以提升动态稳定能力，有利于提升羽毛球挥拍动作的稳定与速度。
2. 本练习可以提升身体移动与挥拍动作的稳定性，特别是后退步伐及后场回高远球的启动稳定性。

避免

1. 运动过程中髋部离开训练凳。
2. 运动过程中双腿无法固定。

目标锻炼肌群

竖脊肌
臀大肌
腹直肌
腹横肌
腹外斜肌
腹内斜肌

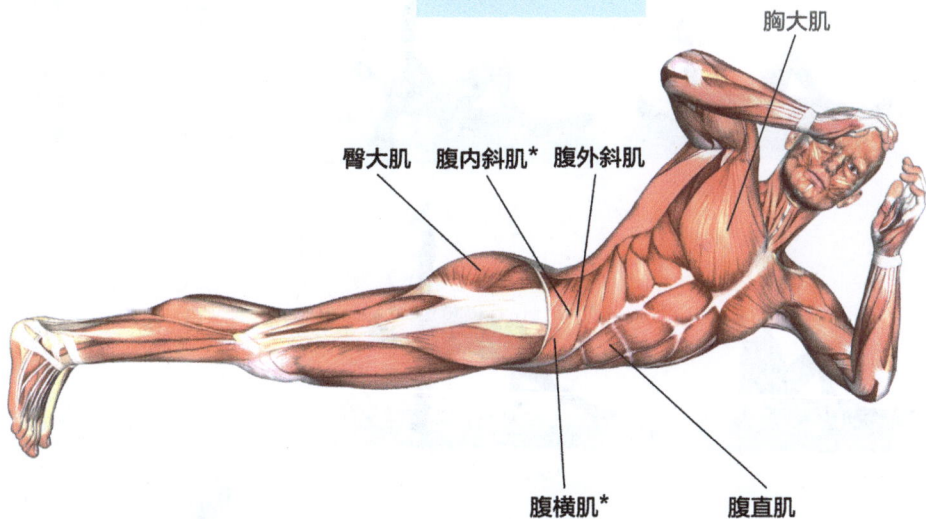

胸大肌

臀大肌　　腹内斜肌*　腹外斜肌

腹横肌*　　　　　腹直肌

益处
- 强化核心肌群
- 增强核心稳定性

有下列问题时不建议做此项练习
- 颈部问题
- 下背部疼痛

壶铃－土耳其起身

1. 仰卧姿，左腿伸直，右腿屈膝，脚踩实地面。右手握壶铃于胸部上方，手臂伸直且垂直于地面。左臂置于地面与身体约呈45度，掌心朝下。

2. 保持左手臂伸直且垂直于地面，按照右肩、左肩、腰背的顺序快速使上身离地，以左前臂支撑身体。

3. 上半身挺起，挺胸直背，左臂伸直撑地。

4. 右腿及臀部用力，左侧髋向上抬起，左手支撑地面。

5. 左腿向后移动，单膝跪地。

6. 左手推离地面，身体挺直，身体呈半跪姿。

7. 站起成直立姿。然后回到起始姿势，重复规定的次数。对侧亦然。

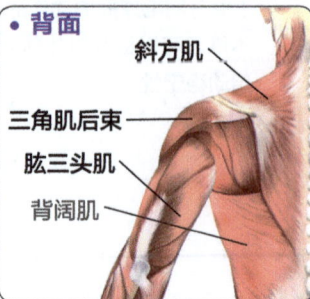

- 背面

斜方肌
三角肌后束
肱三头肌
背阔肌

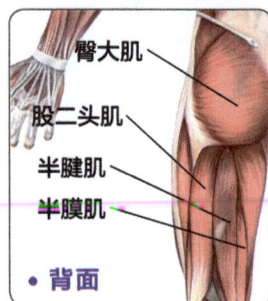

臀大肌
股二头肌
半腱肌
半膜肌

- 背面

持壶铃的手臂保持不变，始终与地面保持垂直

聚焦羽毛球

1. 本练习是核心区域在肩关节和髋关节移动时保持动态稳定的综合性训练动作，有利于提升羽毛球挥拍动作的稳定和速度。
2. 本练习可以提升身体移动与挥拍动作的稳定性，减少移动中的能量损耗。

避免

1. 运动过程中手臂弯曲或倾斜—手臂不垂直于地面
2. 起身前目光离开哑铃
3. 弯腰或驼背

目标锻炼肌群

腹直肌	股二头肌	股内侧肌	斜方肌
腹横肌	半膜肌	股外侧肌	三角肌前束
腹内斜肌	半腱肌	腓肠肌	三角肌后束
腹外斜肌	股直肌	比目鱼肌	
臀大肌	股中间肌	肱三头肌	

变换动作

可用哑铃代替壶铃完成相同动作。

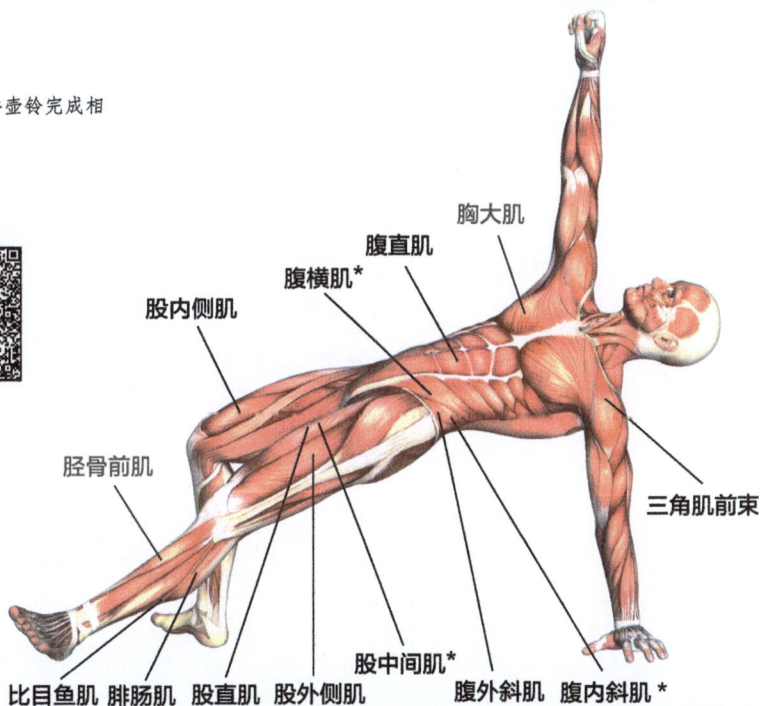

胸大肌
腹直肌
腹横肌*
股内侧肌
胫骨前肌
三角肌前束
比目鱼肌　腓肠肌　股直肌　股外侧肌
股中间肌*
腹外斜肌　腹内斜肌*

益处

- 提高动力链能量传递效率，提升全身综合力量

有下列问题时不建议做此项练习

- 肩部问题
- 腕部疼痛
- 上背部疼痛

第6章

臀部训练

迷你带－坐姿－双腿髋外展

1. 坐在椅子上，双脚并拢支撑地面。迷你带套在膝关节上方。
2. 双腿同时做髋关节外展动作。
3. 双腿同时内收，回到起始姿势，重复规定的次数。

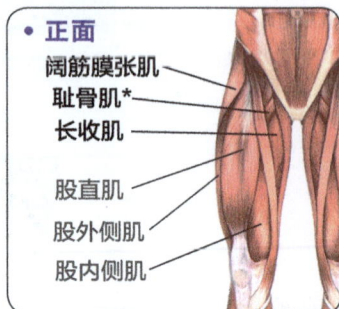

- **正面**

  阔筋膜张肌
  耻骨肌*
  长收肌

  股直肌
  股外侧肌
  股内侧肌

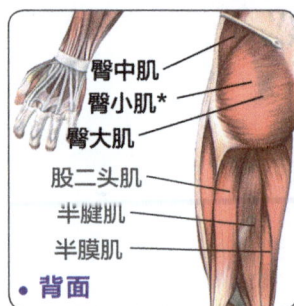

- **背面**

  臀中肌
  臀小肌*
  臀大肌
  股二头肌
  半腱肌
  半膜肌

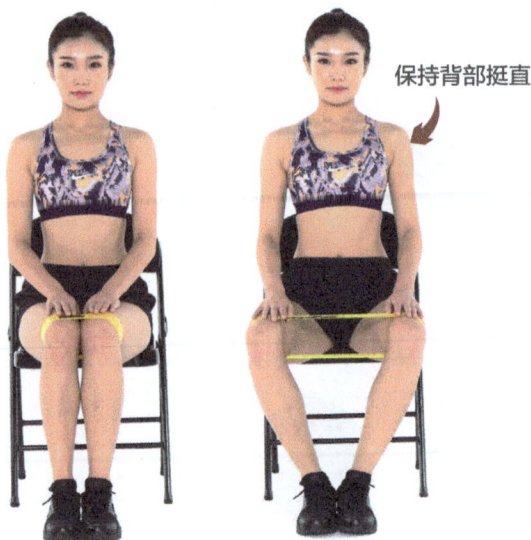

保持背部挺直

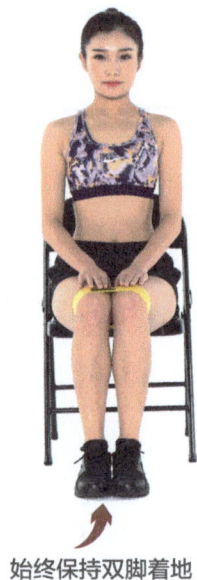

始终保持双脚着地

视角 转换

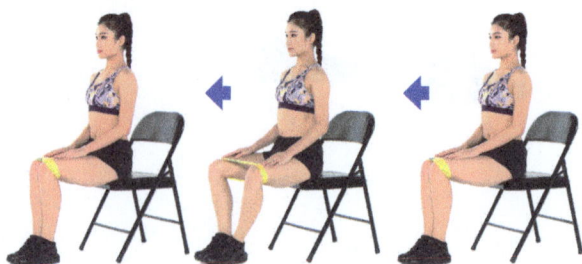

聚焦羽毛球

1. 本练习可以有效激活臀部肌群，有利于训练时动员更多的肌肉参与羽毛球专项动作。
2. 本练习可以强化髋关节，增大髋关节活动范围，提升羽毛球动作的完成程度。

避免

1. 髋关节以外的其他部位发力。
2. 运动过程中弓背。

目标锻炼肌群

臀大肌
臀中肌
臀小肌
阔筋膜张肌
耻骨肌
长收肌

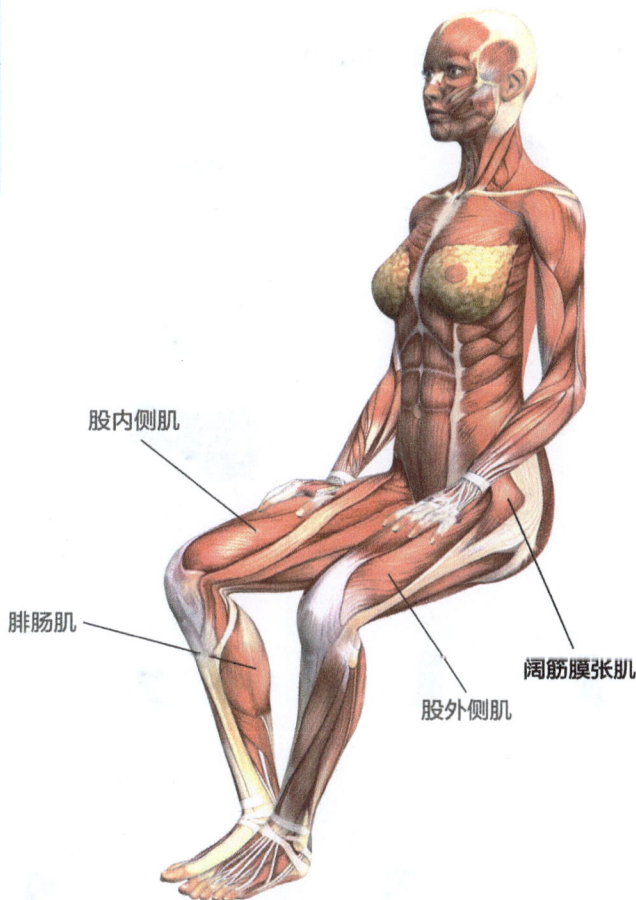

股内侧肌

腓肠肌

阔筋膜张肌

股外侧肌

益处

· 强化髋关节
· 激活臀部肌群

有下列问题时不建议做此项练习

· 髋关节问题

迷你带 – 直线走

1. 身体呈微屈髋屈膝姿势，迷你带套在踝关节处。双脚分开，距离略宽于肩。肘部弯曲双手收于胸前，背部挺直，腹部收紧。
2. 左脚向前迈出一个脚长的距离，同时自然摆动双臂。
3. 右脚交替向前迈出一个脚长的距离，重复动作完成规定的距离。

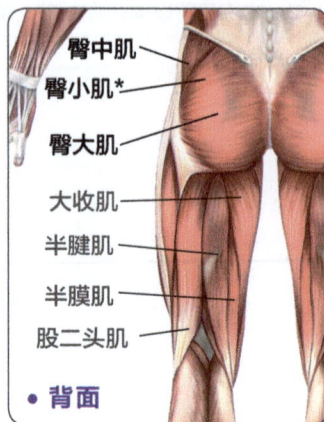

臀中肌
臀小肌*
臀大肌
大收肌
半腱肌
半膜肌
股二头肌

● 背面

脚尖朝向前方

迷你带保持张力

视角 转换

聚焦羽毛球

1. 本练习可以有效激活臀部及相关联的大腿肌群，有利于训练时动员更多的肌肉参与羽毛球专项动作。
2. 本练习可以降低由于动作模式不正确导致的损伤的发生概率。

避免

1. 运动过程中双膝合拢。
2. 膝关节内扣。

目标锻炼肌群

臀中肌
臀小肌
臀大肌
髂腰肌

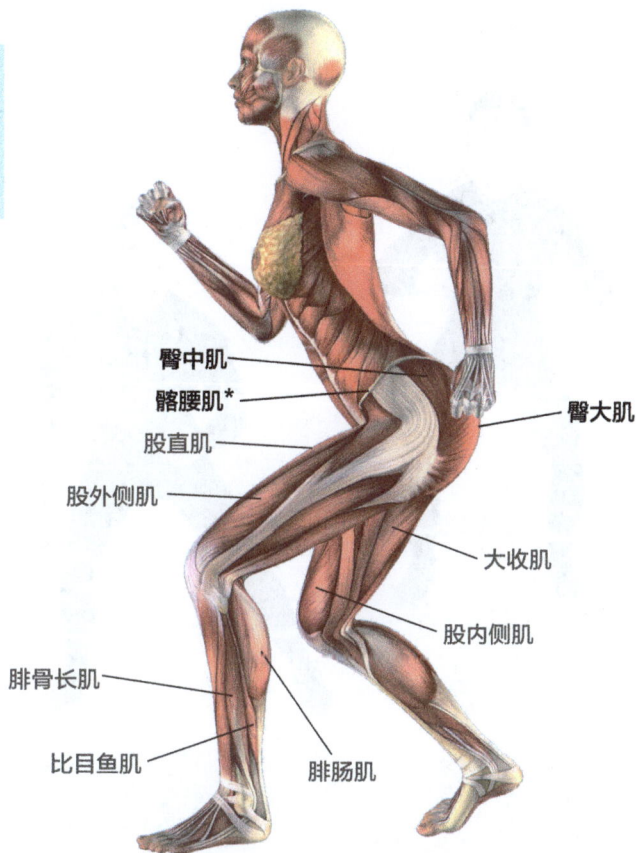

臀中肌
髂腰肌*
股直肌
股外侧肌
腓骨长肌
比目鱼肌

臀大肌
大收肌
股内侧肌
腓肠肌

益处

· 激活臀部肌群，加强臀肌在动作模式中的主动发力能力

有下列问题时不建议做此项练习

· 膝关节问题
· 踝关节疼痛

迷你带 – 侧向走

1. 身体呈微屈髋屈膝姿势，迷你带套在踝关节处。
2. 保持支撑腿不动，移动腿侧向跨出一步，移动时大腿和髋部肌肉收紧，盆骨略微向前倾。
3. 移动腿落地后，再移动支撑腿。继续朝身体一侧跨步，完成规定的距离。

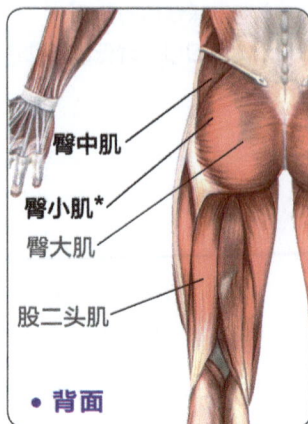

臀中肌
臀小肌*
臀大肌
股二头肌

● 背面

保持双膝微屈

视角转换

聚焦羽毛球

1. 本练习可以有效激活臀部及相关联的大腿肌群，有利于训练时动员更多的肌肉参与羽毛球专项动作。
2. 本练习可以降低由于动作模式不正确导致的损伤的发生概率。

避免

1. 运动过程中躯干向一侧倾斜。
2. 运动过程中弓背或身体前倾。
3. 运动过程中耸肩。

目标锻炼肌群

臀中肌
臀小肌
阔筋膜张肌

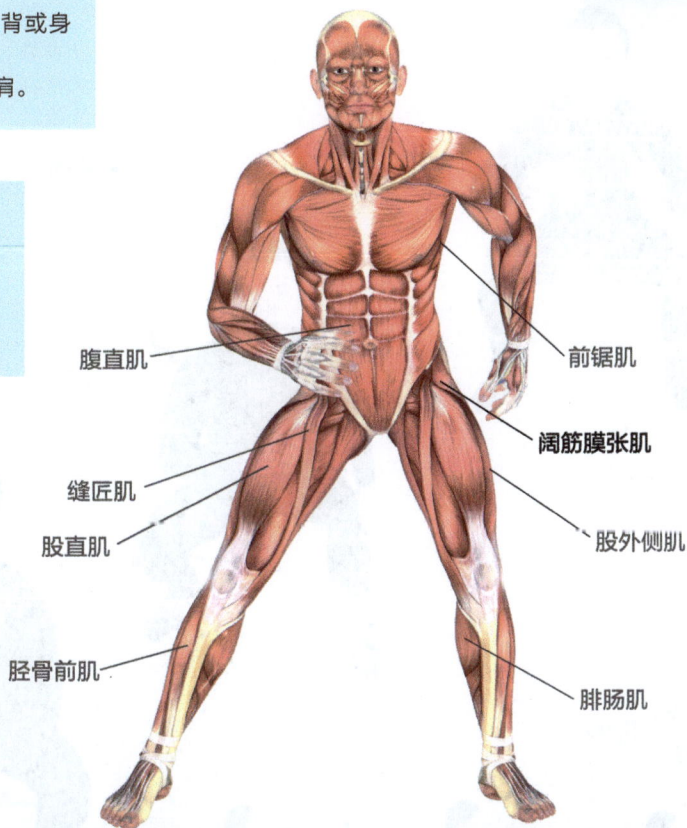

腹直肌

前锯肌

阔筋膜张肌

缝匠肌

股直肌

股外侧肌

胫骨前肌

腓肠肌

益处

· 激活臀部肌群
· 强化髋部和下肢肌群

有下列问题时不建议做此项练习

· 膝关节问题
· 踝关节疼痛

迷你带 – 低重心直线走

1. 屈膝深蹲，大腿与地面平行，双臂屈肘，收于胸部前方，背部挺直。迷你带套在踝关节处。
2. 降低重心，摆臂的同时，右脚向前迈出一步。
3. 左脚向前迈出一步，双脚交替完成规定的距离。

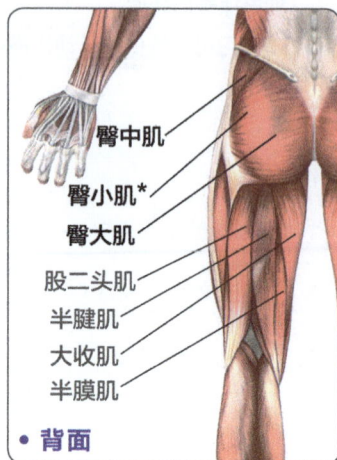

臀中肌
臀小肌*
臀大肌
股二头肌
半腱肌
大收肌
半膜肌

• 背面

保持腰背挺直

视角 转换

保持迷你带张力

聚焦羽毛球

1. 本练习可以有效激活臀部及相关联的大腿肌群，有利于训练时动员更多的肌肉参与羽毛球专项动作。
2. 本练习可以降低由于动作模式不正确导致的损伤的发生概率。

避免

1. 运动过程中双膝合拢。
2. 运动过程中弓背或身体过度前倾。
3. 重心过高。

目标锻炼肌群

臀中肌
臀小肌
臀大肌
阔筋膜张肌
股外侧肌
股直肌

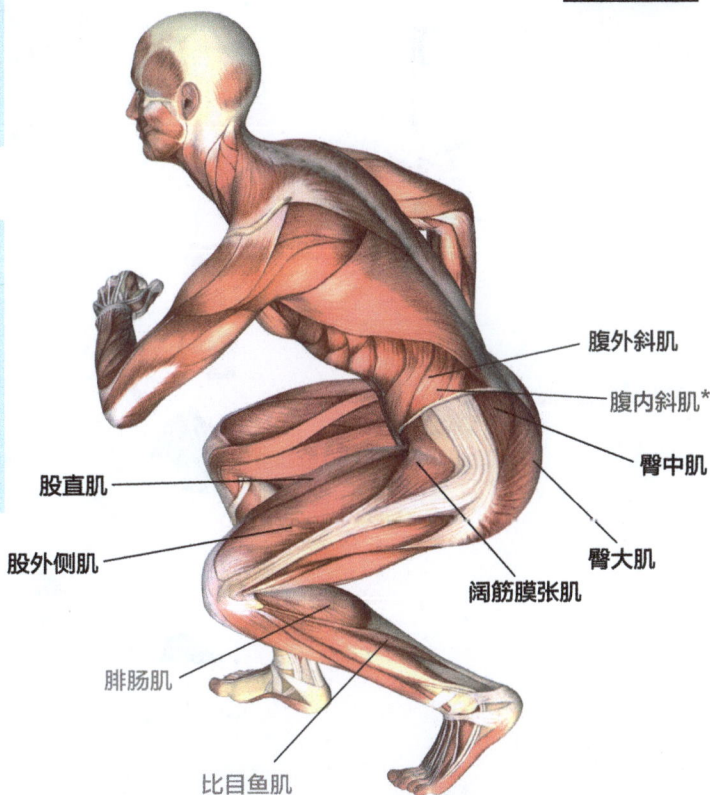

腹外斜肌

腹内斜肌*

臀中肌

股直肌

臀大肌

股外侧肌

阔筋膜张肌

腓肠肌

比目鱼肌

益处

- 激活臀部肌群
- 强化下肢肌群

有下列问题时不建议做此项练习

- 下肢各关节疼痛

弹力带－站姿－髋关节后伸

1. 直立站姿，双手自然放在髋关节位置。弹力带一端固定在身前与脚踝高度相似的物体上，另一端固定在踝关节处。保持弹力带张力。
2. 双手扶住髋关节，固定弹力带的腿向后伸展，臀部收紧。
3. 回到起始姿势，重复规定的次数。对侧亦然。

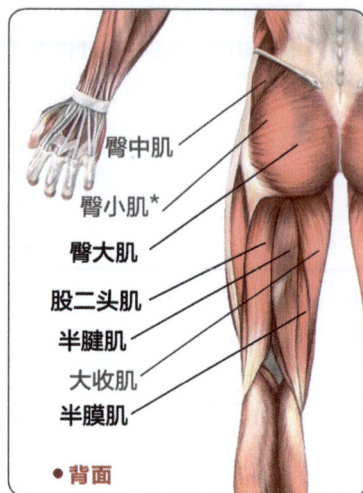

臀中肌

臀小肌*

臀大肌

股二头肌

半腱肌

大收肌

半膜肌

● **背面**

腹部收紧

腰背挺直

臀部收紧

膝关节伸直

聚焦羽毛球

1. 本练习有效激活臀部及相关联的大腿后侧肌群,有利于训练时动员更多的肌肉参与羽毛球专项动作。
2. 本练习可以降低由于动作模式不正确导致的损伤的发生概率。

避免

1. 运动过程中身体过度摇晃。
2. 运动过程中上身前倾。

目标锻炼肌群

臀大肌
股二头肌
半膜肌
半腱肌

降低难度

如果平衡感不好,可以用手扶住椅背等固定物,帮助完成此项动作。

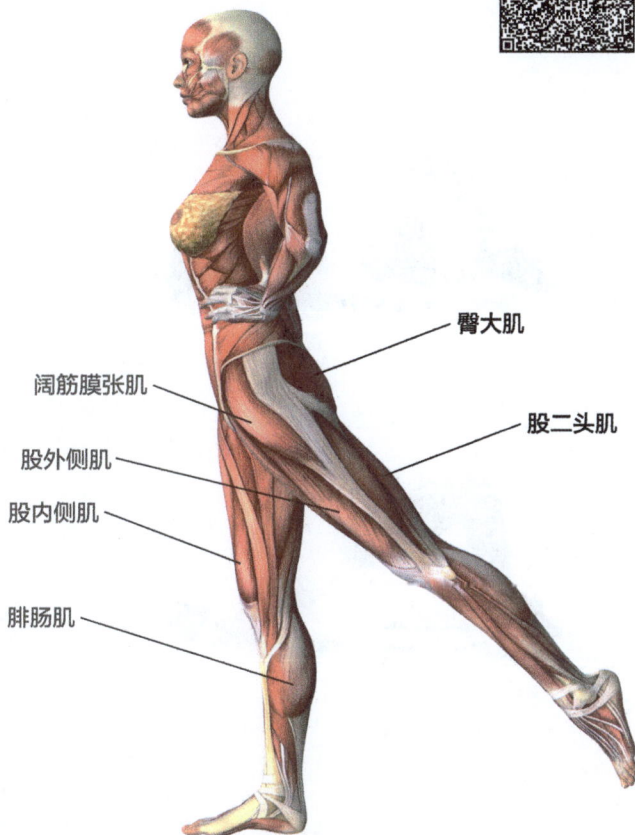

臀大肌

阔筋膜张肌

股二头肌

股外侧肌

股内侧肌

腓肠肌

益处
- 强化髋伸肌
- 激活臀部肌群

有下列问题时不建议做此项练习
- 髋关节问题

榴莲球 – 稳定 – 双腿臀桥

1. 将两个榴莲球放在地面上，曲面朝上。仰卧于地面上，弯曲双膝，脚跟放在榴莲球曲面上。双手放在身体两侧，手掌打开，掌心朝下。
2. 向上顶髋，抬高臀部，使躯干离开地面，至大腿和躯干呈一条直线。
3. 缓慢下降至起始姿势，重复规定的次数。

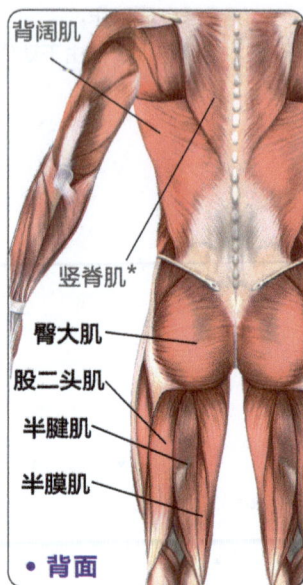

背阔肌

竖脊肌*

臀大肌

股二头肌

半腱肌

半膜肌

● 背面

臀部收紧

视角 转换

双臂始终贴地

聚焦羽毛球

1. 本练习可以有效激活以臀肌为主导的身体后侧链肌群，有利于降低腘绳肌及背部损伤发生的概率。
2. 本练习可以降低羽毛球跨步动作中腘绳肌被拉伤的概率。

避免

1. 身体抬起时下巴向胸部收拢。
2. 运动过程中髋部和下背部下落。

目标锻炼肌群

臀大肌
臀中肌
股二头肌
半膜肌
半腱肌
腹直肌
腹横肌

提高难度

将榴莲球曲面朝下，通过增加榴莲球的不稳定性，提高动作难度。

降低难度

若运动过程中无法控制身体的稳定，可以将榴莲球去掉，消除不稳定因素，降低动作难度。

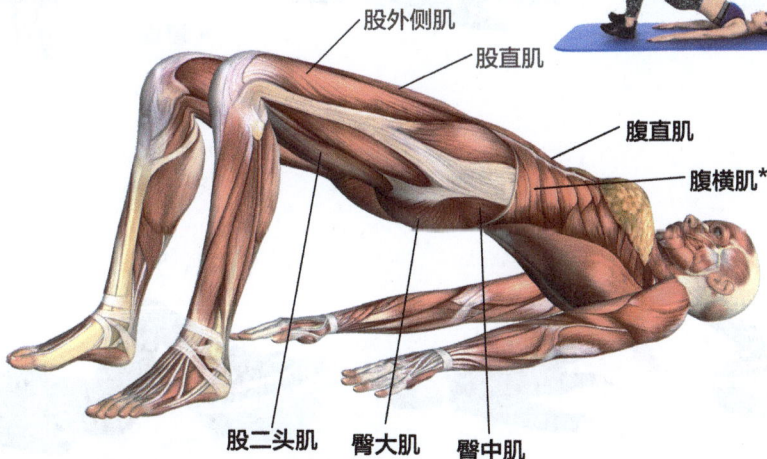

股外侧肌

股直肌

腹直肌

腹横肌*

股二头肌　臀大肌　臀中肌

益处

- 强化下肢、臀部和核心肌群
- 拉伸胸部和脊柱

有下列问题时不建议做此项练习

- 肩部问题
- 背部问题
- 颈部问题

BOSU 球 – 不稳定 – 双腿臀桥

1. 仰卧在地面上，双膝弯曲，双脚放在平面
   朝上的BOSU球平面上，双手放在身体两
   侧，手掌打开，掌心朝下。
2. 向上顶髋，抬高臀部，使躯干离开地面，
   至大腿和躯干呈一条直线。
3. 缓慢下降至起始姿势，重复规定的次数。

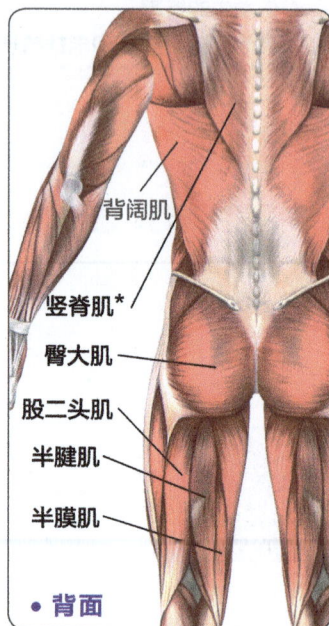

背阔肌

竖脊肌*

臀大肌

股二头肌

半腱肌

半膜肌

● 背面

臀部收紧

双臂始终贴地

聚焦羽毛球

1. 本练习可以有效激活以臀肌为主导的身体后侧链肌群，有利于降低腘绳肌及背部损伤发生的概率。
2. 本练习可以降低羽毛球跨步动作中腘绳肌被拉伤的概率。

避免

1. 运动过程中髋部和背部下落。
2. 过度挺腰。

目标锻炼肌群

臀大肌
臀中肌
股二头肌
半膜肌
半腱肌
竖脊肌
腹直肌
腹横肌

提高难度

用单腿支撑，增加对身体稳定性的控制，提升动作难度。

降低难度

若运动过程中无法控制身体的稳定，可将 BOSU 球平面朝下，去掉不稳定因素，降低动作难度。

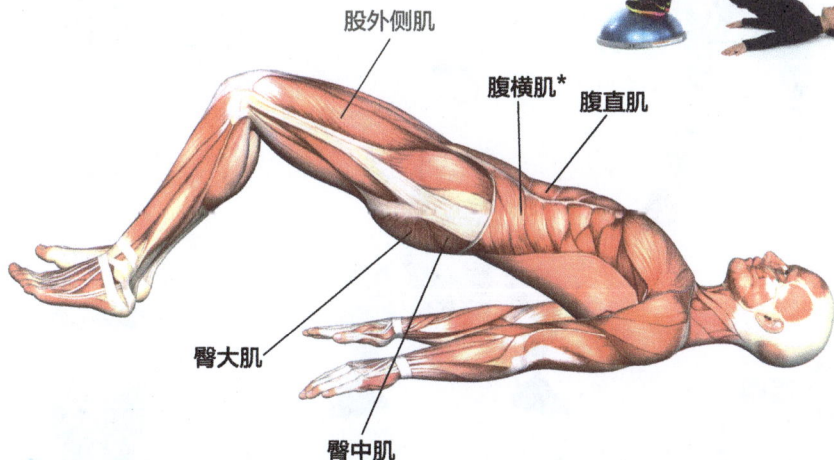

股外侧肌

腹横肌*　腹直肌

臀大肌

臀中肌

益处

- 强化下肢、臀部和核心肌群
- 拉伸胸部和脊柱

有下列问题时不建议做此项练习

- 肩部问题
- 背部问题
- 颈部问题

徒手蹲－相扑式

1. 直立站姿，双脚分开，距离大于肩宽。双脚外展，挺胸直背，腹部收紧，双臂自然摆放于大腿上，手掌打开。
2. 屈髋屈膝下蹲，至大腿与地面平行，双臂保持伸直并下垂。
3. 快速站起，回到起始姿势，完成规定的次数。

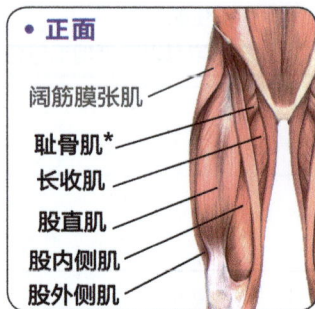

● **正面**

阔筋膜张肌
耻骨肌*
长收肌
股直肌
股内侧肌
股外侧肌

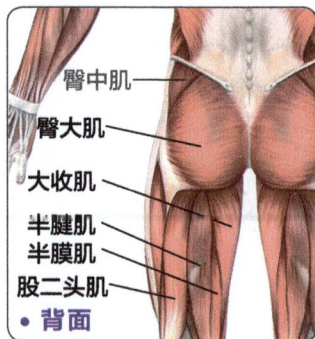

臀中肌
臀大肌
大收肌
半腱肌
半膜肌
股二头肌

● **背面**

保持背部挺直

腹部收紧

胸部抬高双肩后压

视角 转换

聚焦羽毛球

1. 本练习可以增大髋关节、膝关节和踝关节的活动度，动员更多的肌群参与到羽毛球专项动作中。
2. 本练习是全身整合式的激活动作，有利于实现羽毛球运动中更好的运动表现。

避免

1. 运动过程中弓背或向前弯腰。
2. 膝关节超过脚尖。
3. 运动过程中耸肩。

目标锻炼肌群

臀大肌	股直肌	半腱肌
长收肌	股中间肌	半膜肌
大收肌	股内侧肌	股二头肌
耻骨肌	股外侧肌	

提高难度

可双手持单个哑铃自然垂于体前，做相同的动作，增加负重，提高动作难度。

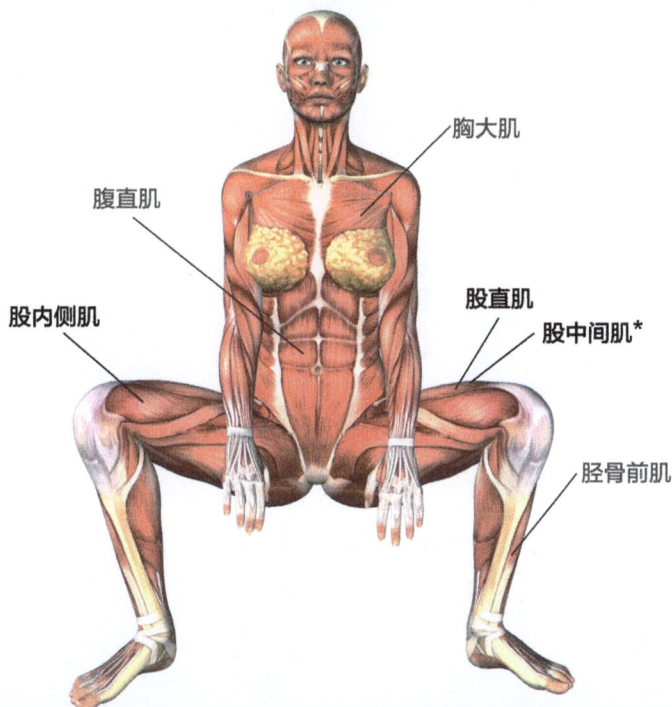

胸大肌

腹直肌

股内侧肌

股直肌

股中间肌*

胫骨前肌

益处

- 强化臀部和下肢肌群

有下列问题时不建议做此项练习

- 膝关节问题
- 髋关节问题
- 下背部疼痛

第 7 章

腿部训练

弹力带 - 单侧踝关节跖屈

1. 坐在椅子上，一条腿屈膝，脚踩实地面，另一条腿保持膝关节伸直。双手握住弹力带两端，中段固定在伸膝侧脚掌处且保持弹力带张力。
2. 单侧踝关节跖屈，做脚掌下压动作。
3. 回到起始姿势，重复规定的次数，对侧亦然。

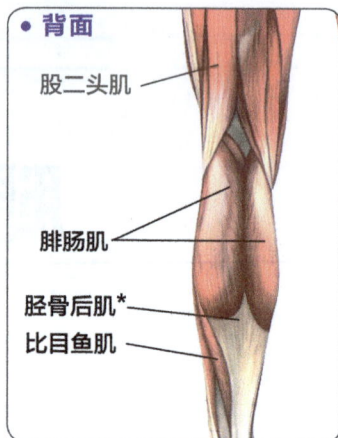

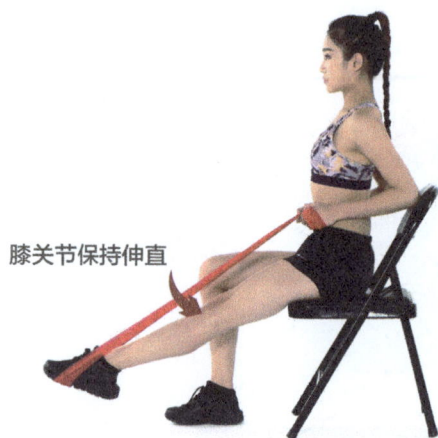

● **背面**

股二头肌

腓肠肌

胫骨后肌*

比目鱼肌

保持背部挺直

脚尖朝向上方

膝关节保持伸直

聚焦羽毛球

1. 本练习可以强化踝关节跖屈力量，同时可以提高踝关节的灵活性，有利于提升球员在场上的移动速度。
2. 跖屈力量的提升，还有利于提升球员落地时的稳定性，并能够预防损伤。

避免

1. 运动过程中膝关节弯曲。
2. 运动过程中弓背。

目标锻炼肌群

腓肠肌
比目鱼肌
胫骨后肌
踇长屈肌
趾长屈肌

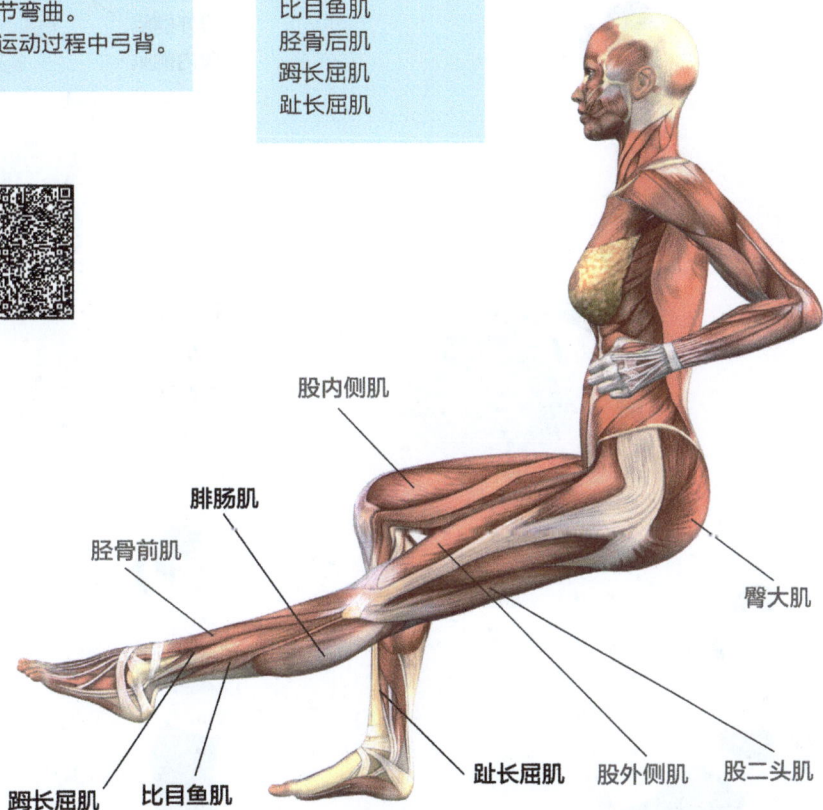

股内侧肌

腓肠肌

胫骨前肌

臀大肌

踇长屈肌   比目鱼肌   趾长屈肌   股外侧肌   股二头肌

益处

- 增强腿部力量
- 强化踝关节

有下列问题时不建议做此项练习

- 踝关节问题

瑞士球 – 后抬分腿蹲

1. 直立姿单腿站立,非支撑腿向后将脚面撑在瑞士球上。双手合掌,十指交叉置于胸前。
2. 臀部向后,支撑腿屈膝下蹲,非支撑腿向后伸直。
3. 快速站起,回到起始姿势,重复规定的次数。对侧亦然。

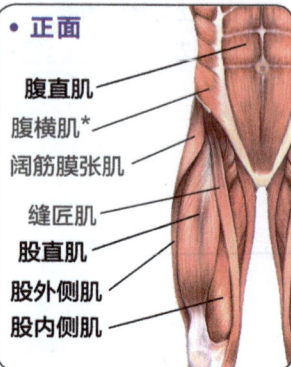

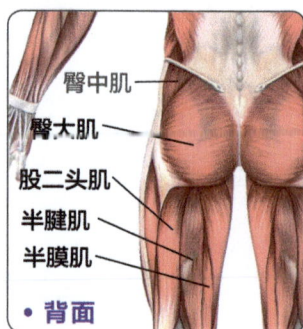

- **正面**
  - **腹直肌**
  - 腹横肌*
  - 阔筋膜张肌
  - 缝匠肌
  - **股直肌**
  - **股外侧肌**
  - **股内侧肌**

- 臀中肌
- **臀大肌**
- **股二头肌**
- 半腱肌
- 半膜肌
- **背面**

保持身体稳定,降低重心

聚焦羽毛球

1. 本练习可以增强腿部和臀部力量，并提升下肢动力链的协调工作能力，从而提高扣球、杀球以及快速移动的能力。
2. 本练习可以增强核心肌群的稳定性，有利于提升羽毛球动作的完成能力。

避免

1. 前腿膝关节超过脚尖。
2. 身体过度前倾或晃动。

目标锻炼肌群

臀大肌
股直肌
股中间肌
股外侧肌
股内侧肌
腹直肌
半腱肌
半膜肌
股二头肌

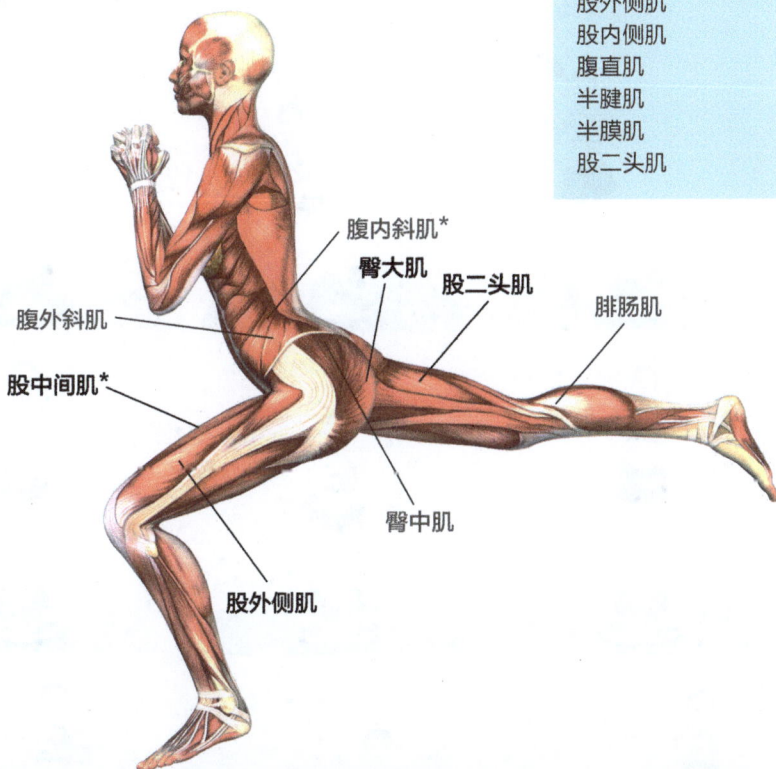

腹内斜肌*
臀大肌
股二头肌
腓肠肌
腹外斜肌
股中间肌*
臀中肌
股外侧肌

益处

- 强化下肢肌群
- 增强核心稳定性

有下列问题时不建议做此项练习

- 髋关节问题
- 膝关节疼痛

BOSU 球－三方式深蹲

1. BOSU球曲面朝上，右脚站在BOSU球上，左脚踩地，进行一次深蹲并起身。
2. 将左脚移动到BOSU球上，进行第二次深蹲并起身。
3. 将右脚移动至地面，进行第三次深蹲并起身。然后重复规定的次数。

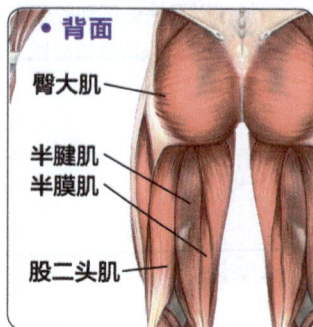

• 背面

臀大肌
半腱肌
半膜肌
股二头肌

眼睛注视前方

背部挺直

腹部收紧

聚焦羽毛球

1. 本练习可以强化腿部和臀部力量，有助于跳起击球的过程中爆发力的输出，以及落地后连续动作的稳定。
2. 本练习在深蹲的基础上增加了不稳定因素，可以动员更多肌群参与动作，同时还可以增强核心稳定性，有利于提升羽毛球动作的完成能力。

避免

1. 脚跟离开地面或BOSU球。
2. 运动过程中上身前倾。
3. 从蹲姿恢复到站姿时速度太快。

目标锻炼肌群

股直肌
股中间肌
股外侧肌
股内侧肌
股二头肌
半腱肌
半膜肌
臀大肌
腹直肌

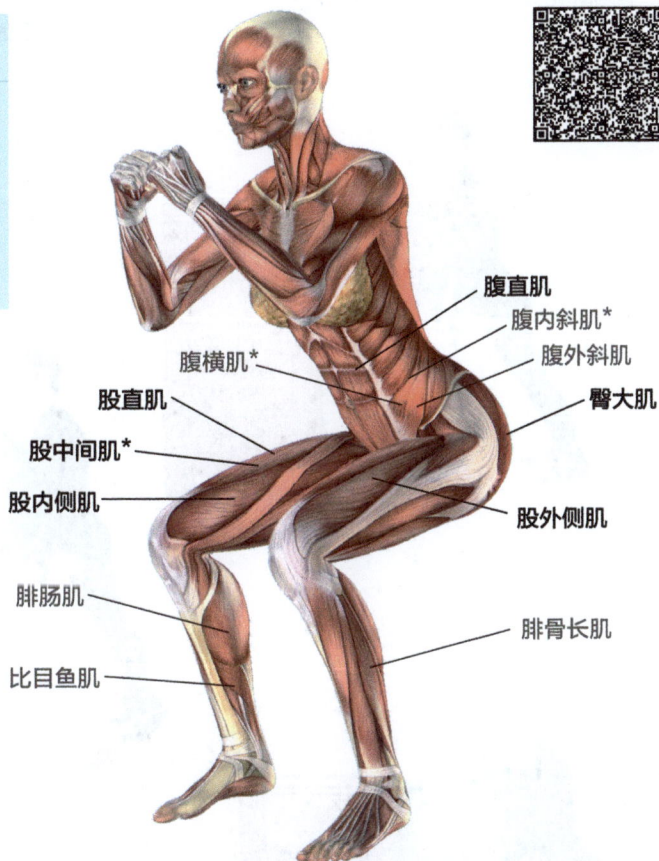

腹横肌*
股直肌
股中间肌*
股内侧肌
腓肠肌
比目鱼肌

腹直肌
腹内斜肌*
腹外斜肌
臀大肌
股外侧肌
腓骨长肌

益处

- 强化下肢肌群
- 增强核心稳定性

有下列问题时不建议做此项练习

- 膝关节问题
- 背部疼痛

瑞士球 – 前倾提踵

1. 身体前倾靠在与固定物支撑的瑞士球上。双手握哑铃,自然下垂于身体两侧,掌心相对。双脚分开与肩同宽。
2. 慢慢地将脚跟抬起离开地面,利用脚掌保持身体平衡,身体其他部位保持不变保持2秒。
3. 回到起始姿势,重复规定的次数。

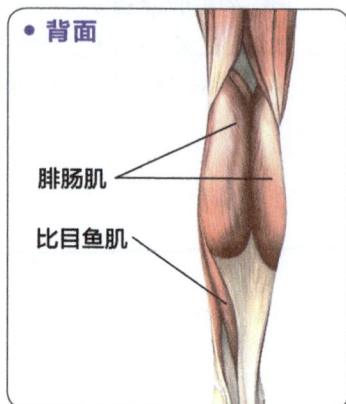

● 背面

腓肠肌

比目鱼肌

背部挺直

双腿保持伸直

用脚掌保持
身体平衡

聚焦羽毛球

1. 本练习从小腿蹬伸出发整合了腿部、臀部以及核心区域的动力链，有利于提升爆发力水平。
2. 本练习增加了不稳定因素，可以针对性提升小腿蹬伸能力，并提升向前启动的能力，有利于快速向前击网前小球和救球能力的提升。

避免

1. 运动过程中膝关节弯曲。
2. 完全利用脚趾的力量完成提踵的动作。

目标锻炼肌群

腓肠肌
比目鱼肌

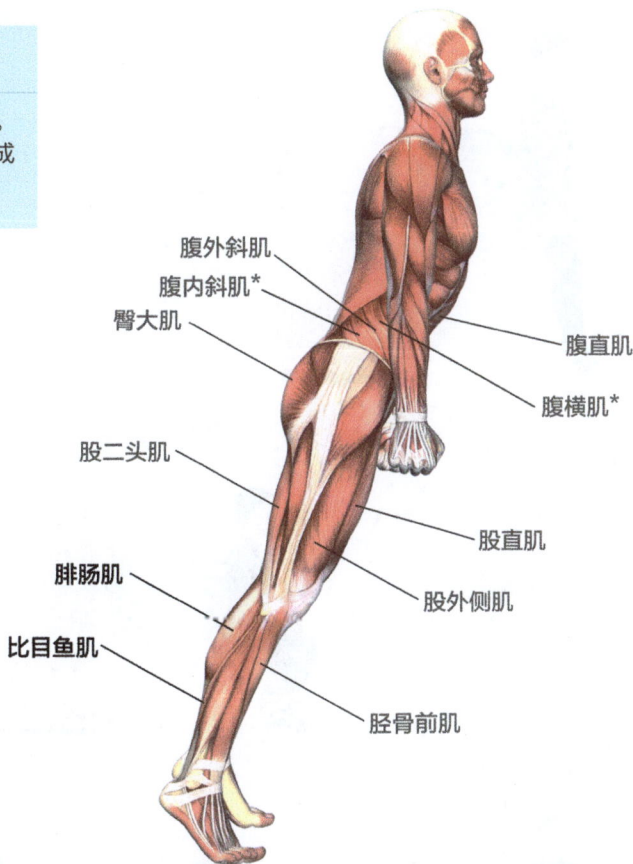

腹外斜肌
腹内斜肌*
臀大肌
腹直肌
腹横肌*
股二头肌
股直肌
腓肠肌
股外侧肌
比目鱼肌
胫骨前肌

益处

- 强化小腿肌群
- 提升下肢爆发力

有下列问题时不建议做此项练习

- 踝关节问题

瑞士球 – 后倾双腿深蹲

1. 身体背靠在与固定物接触的瑞士球上。双手握哑铃，自然下垂于身体两侧。双脚分开与肩同宽。
2. 向下深蹲至大腿平行于地面。
3. 回到起始姿势，重复规定的次数。

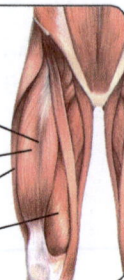

股中间肌*
股直肌
股外侧肌
股内侧肌

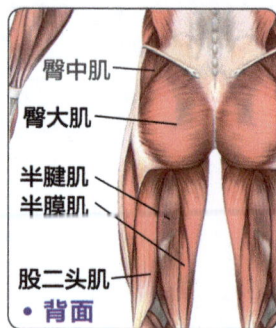

臀中肌
臀大肌
半腱肌
半膜肌*
股二头肌

• 背面

深蹲或起身时保持背部挺直

腹部收紧

视角 转换

聚焦羽毛球

1. 深蹲练习是一个非常全面的下肢练习动作，它几乎使用了下肢的所有主要肌群，有利于提升膝关节伸直力量，增强跳跃能力和快速启动能力。
2. 本练习在基础深蹲的基础上增加了不稳定因素，可以针对性提升腿部蹬伸能力，并能够增强核心稳定性，提升击高远球、杀球以及快速移动的能力。

避免

1. 完成动作速度过快。
2. 瑞士球失控。
3. 向任意一侧晃动。

提高难度
尝试将动作升级为瑞士球后倾单脚深蹲，深蹲时尽可能保持身体平衡。

目标锻炼肌群

臀大肌
股直肌
股中间肌
股外侧肌
股内侧肌
股二头肌
半腱肌
半膜肌

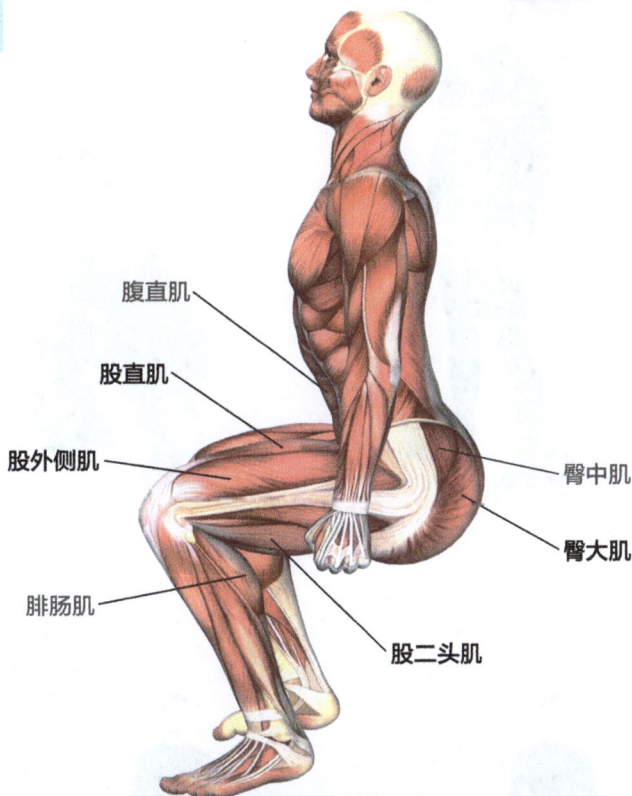

腹直肌

股直肌

股外侧肌

腓肠肌

臀中肌

臀大肌

股二头肌

益处

· 强化大腿及臀部
肌群

有下列问题时不建议做此项练习

· 膝关节疼痛
· 下背部疼痛

壶铃 - 双臂行李箱硬拉

1. 直立站姿，双脚分开，距离约与肩同宽。两只壶铃放在两只脚外侧，双臂自然下垂于身体两侧。
2. 屈髋屈膝，髋部向后，呈下蹲姿势，双手握住壶铃柄。
3. 全身发力竖直拉起壶铃，至站姿。然后放下壶铃，回到起始姿势，重复规定的次数。

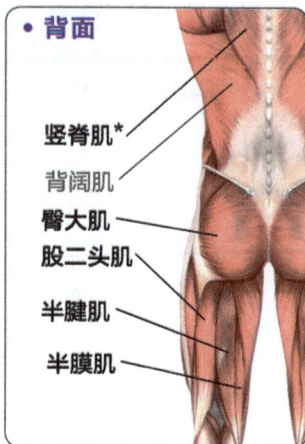

• 背面

竖脊肌*
背阔肌
臀大肌
股二头肌
半腱肌
半膜肌

下蹲时腹部收紧，背部挺直

视角 转换

提拉过程中保持壶铃贴近身体

聚焦羽毛球

本练习是典型的针对腿部后侧链的功能性训练动作，可以提高大腿后侧肌群、臀肌和腰背部肌群的整体表现，同时，可以有效提高身体后侧链的动作效率，从而高效完成各种挥拍、击球和跑动等动作。

避免

1. 上拉壶铃过程中身体过度前倾。
2. 运动过程中弓背。

目标锻炼肌群

臀大肌
竖脊肌
半腱肌
半膜肌
股二头肌
股直肌
股中间肌
股外侧肌
股内侧肌

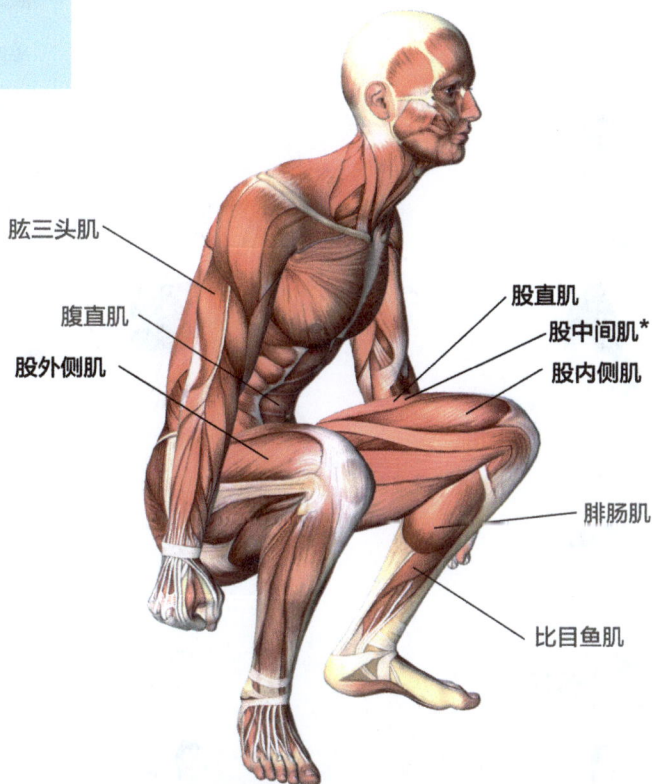

变换动作
可用哑铃代替壶铃做同样的动作。

肱三头肌
腹直肌
股外侧肌

股直肌
股中间肌*
股内侧肌

腓肠肌

比目鱼肌

益处

- 强化腿部和臀部肌群
- 提升下肢爆发力

有下列问题时不建议做此项练习

- 膝关节疼痛

壶铃－单腿硬拉

1. 直立姿单腿站立，支撑侧的手握壶铃，自然垂于体前。另一只手自然下垂。
2. 向前俯身，保持持壶铃的手臂自然下垂，非支撑腿向后伸直抬起，直至身体和抬起的腿几乎与地面平行。保持躯干和抬起腿动作同步。
3. 回到起始姿势，重复规定的次数。

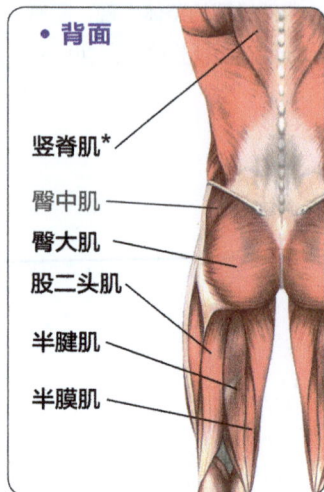

• **背面**

竖脊肌*

臀中肌

臀大肌

股二头肌

半腱肌

半膜肌

躯干与抬起腿呈一条直线

运动过程中双腿的膝盖要放松

保持右臂自然下垂

视角 转换

聚焦羽毛球

1. 本练习是典型的针对腿部后侧链的功能性训练动作，可以提高大腿后侧肌群、臀肌和腰背部肌群的整体表现。同时可以有效提高身体后侧链的动作效率，从而高效完成各种挥拍、击球和跑动等动作。
2. 本练习是单腿硬拉动作，可以提升身体的平衡能力，以有效提高跳跃落地时的稳定性。

避免

1. 向前俯身时大腿后侧肌肉过度拉伸。
2. 运动过程中弓背。
3. 动作完成速度过快。

目标锻炼肌群

臀大肌
竖脊肌
半腱肌
半膜肌
股二头肌

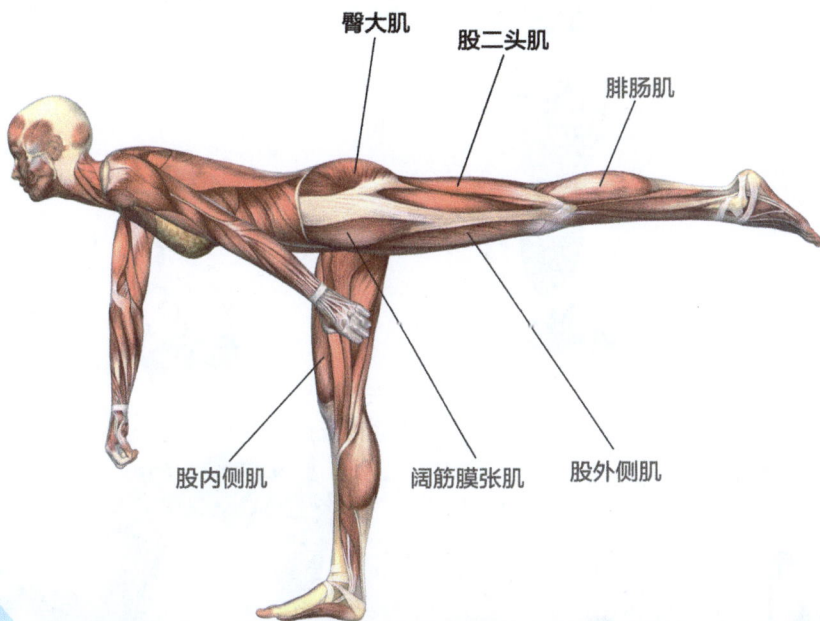

臀大肌　股二头肌　腓肠肌

股内侧肌　阔筋膜张肌　股外侧肌

益处
· 强化臀肌和大腿后侧肌群
· 提升身体平衡能力

有下列问题时不建议做此项练习
· 髋关节问题

分腿蹲 - 向后

1. 直立站姿,两脚并拢。挺胸直背,腹部收紧,双手叉腰。
2. 左腿向后撤一步,屈髋屈膝至右大腿与地面平行,左膝几乎贴地。收回双腿,回到起始姿势,重复规定的次数。对侧亦然。

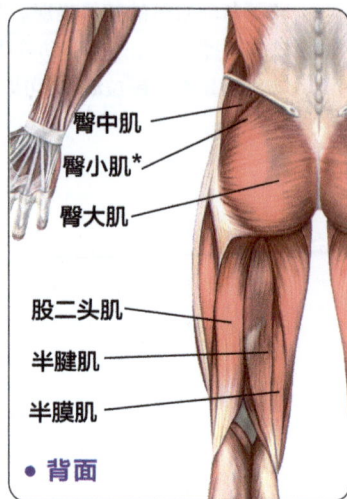

臀中肌
臀小肌*
臀大肌

股二头肌
半腱肌
半膜肌

● 背面

膝关节不要
超过脚尖

不要贴地

视角 转换

聚焦羽毛球

1. 本练习可以增强臀肌与腿部的力量，有利于羽毛球项目中启动能力的提高。
2. 本练习可以有效预防羽毛球运动中膝关节的损伤。

避免

1. 下蹲时前腿膝关节超过脚尖。
2. 髋部向某一方向扭转。
3. 下蹲时弓背或身体前倾。

目标锻炼肌群

臀大肌
臀小肌
臀中肌
股直肌
股中间肌
股外侧肌
股内侧肌
股二头肌
半腱肌
半膜肌

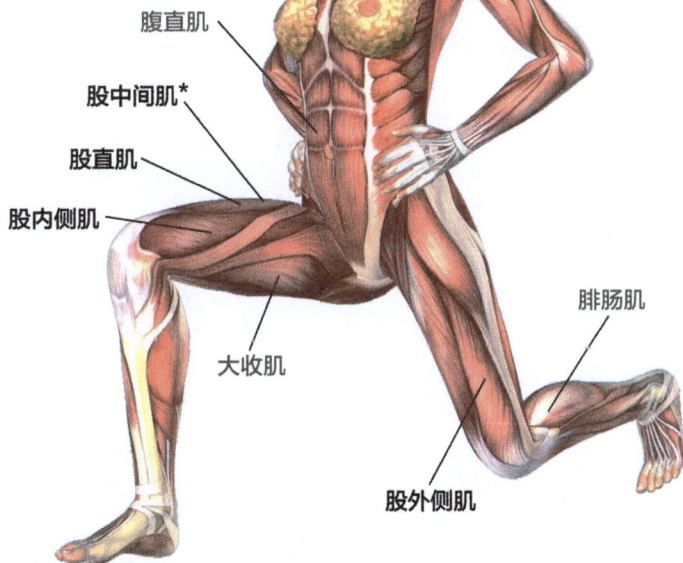

腹直肌

股中间肌*

股直肌

股内侧肌

大收肌

腓肠肌

股外侧肌

益处

• 强化腿部和臀部
肌群

有下列问题时不建议做此项练习

• 膝关节疼痛

第 8 章

快速伸缩复合训练

摆臂下蹲

1. 直立站姿，双脚分开，距离约与肩同宽，背部挺直，腹部收紧，双臂伸直举过头顶，保持掌心相对。

2. 双臂快速向下摆动至髋关节位置，同时屈髋屈膝，髋关节向后移动，呈运动基本姿，膝关节不要超过脚尖，双脚不要移动。下蹲后保持身体姿势2秒。回到起始姿势，重复规定的次数。

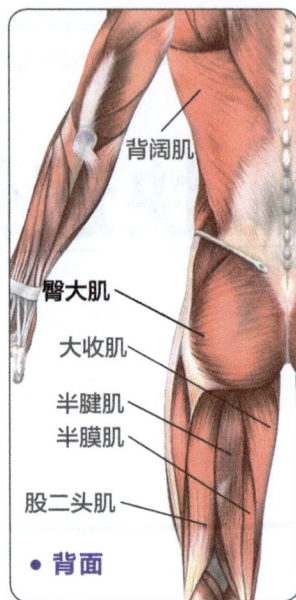

背阔肌

臀大肌

大收肌

半腱肌

半膜肌

股二头肌

● 背面

双手掌心相对

视角 转换

膝盖不要超过脚尖

聚焦羽毛球

1. 本练习是主要针对腿部离心收缩能力的训练，可以缩短腿部的制动时间，提高球员在球场上连续跨步移动的能力。
2. 本练习可以提升落地时膝关节的稳定性，降低膝关节发生损伤的概率。

避免
1. 下蹲时膝关节内扣。
2. 下蹲时膝关节超过脚尖。

目标锻炼肌群
臀大肌
股直肌
股外侧肌
股内侧肌
股中间肌

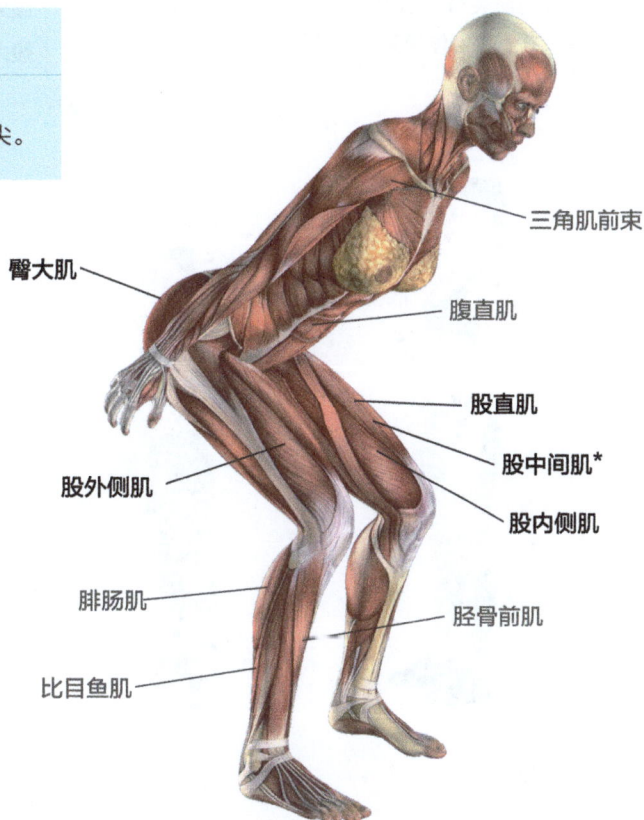

三角肌前束
臀大肌
腹直肌
股直肌
股中间肌*
股外侧肌
股内侧肌
腓肠肌
胫骨前肌
比目鱼肌

益处
- 强化基本动作模式，为快速伸缩复合训练做准备

有下列问题时不建议做此项练习
- 下肢关节疼痛
- 下背部疼痛

双腿运动姿 – 跳蹲 – 呈单腿运动姿支撑

1. 直立站姿，双脚分开，距离约与肩同宽，背部挺直，腹部收紧。
2. 双臂伸直举过头顶，同时脚跟离地为起跳做准备。
3. 快速变化时双臂快速向下摆动，屈髋屈膝，身体跳起，同时髋关节向后移动，落地后呈稳定的单腿运动姿，并保持身体姿势2秒。回到起始姿势，重复规定的次数。

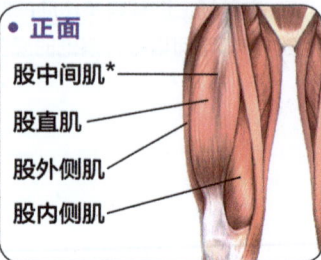

● **正面**

股中间肌*
股直肌
股外侧肌
股内侧肌

双手掌心相对

背部挺直

腹部收紧

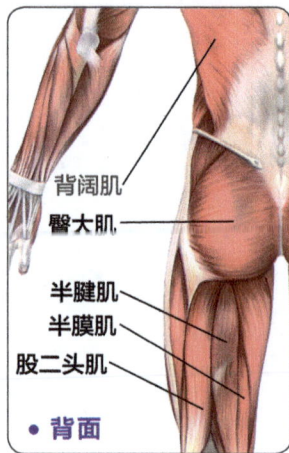

背阔肌
臀大肌
半腱肌
半膜肌
股二头肌

● **背面**

视角 转换

膝关节不要
超过脚尖

聚焦羽毛球

1. 本练习是主要针对腿部离心收缩能力的训练，可以缩短腿部的制动时间，提高球员在球场上连续移动的能力。
2. 本练习可以提升落地时膝关节的稳定性，降低膝关节发生损伤的概率。

避免

1. 下蹲时膝关节内扣。
2. 下蹲时膝关节超过脚尖。
3. 下蹲后身体晃动。

目标锻炼肌群

臀大肌
股直肌
股中间肌
股外侧肌
股内侧肌
半膜肌
半腱肌
股二头肌

降低难度

若下蹲后无法保持身体平衡，可以做双腿运动姿支撑，降低难度。

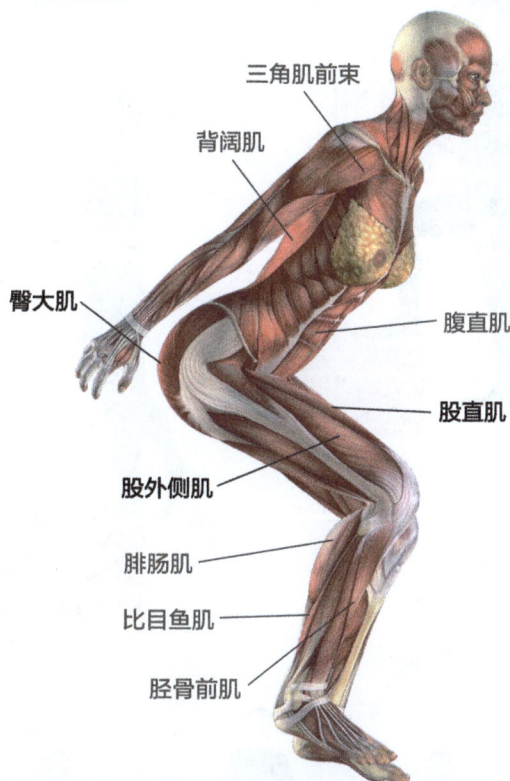

三角肌前束
背阔肌
臀大肌
腹直肌
股直肌
股外侧肌
腓肠肌
比目鱼肌
胫骨前肌

益处

· 强化基本动作模式，为快速伸缩复合训练做准备

有下列问题时不建议做此项练习

· 下肢关节存在疼痛
· 下背部存在疼痛

负重正向登箱

1. 面向跳箱，右脚踏在跳箱上，左脚距离跳箱一步，双手握哑铃，双臂自然垂于身体两侧。
2. 保持背部挺直，右脚登上跳箱至完全伸直，左脚悬空。保持骨盆与肩膀水平。
3. 右腿屈膝，身体下降直至左脚着地。回到起始姿势，重复规定的次数。对侧亦然。

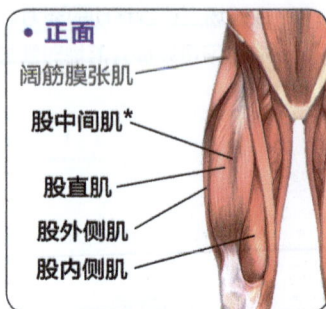

• 正面

阔筋膜张肌
股中间肌*
股直肌
股外侧肌
股内侧肌

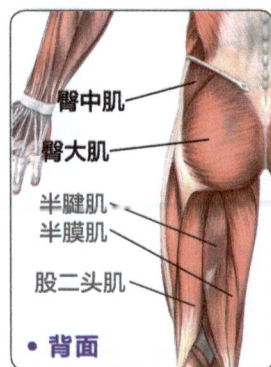

臀中肌
臀大肌
半腱肌
半膜肌
股二头肌

• 背面

保持身体直立

登上跳箱时呼气

左脚悬空

视角转换

下来时吸气

聚焦羽毛球

1. 本练习是主要针对腿部向心收缩的训练，可以有效强化腿部蹬伸力量，提高球员在球场上的爆发力表现。
2. 本练习可以提升落地时膝关节的稳定性，降低膝关节发生损伤的概率。

避免

1. 膝关节超过脚尖或内扣。
2. 蹬箱时身体晃动或重心移动速度过快。

目标锻炼肌群

臀大肌
臀中肌
股直肌
股内侧肌
股外侧肌
股中间肌
腓肠肌

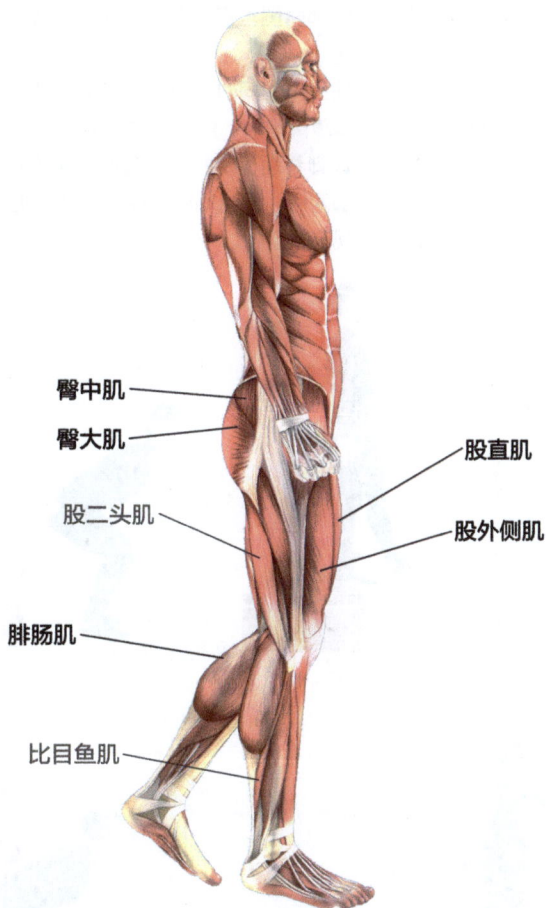

臀中肌
臀大肌
股二头肌
股直肌
股外侧肌
腓肠肌
比目鱼肌

益处

• 提升踝关节和足部的稳定性与力量

有下列问题时不建议做此项练习

• 膝关节疼痛

栏架 - 双脚跳 - 纵向

1. 单脚直立站立在跳箱上，面向栏架，双臂自然垂于身体两侧，背部挺直，腹部收紧。
2. 向前迈出右脚，自然下落，落地时，屈髋屈膝缓冲同时双臂下摆至髋部两侧，双脚着地，并做好快速起跳的准备。
3. 落地后，双臂快速上摆的同时，以手臂带动身体快速伸髋伸膝，双脚蹬离地面，向前跳过栏架。
4. 第二次落地时，双脚着地，屈髋屈膝落地缓冲的同时双臂下摆至髋部两侧，呈运动姿支撑，保持1到2秒。重复以上至规定的次数。

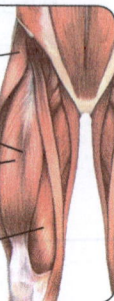

- **正面**
  - 阔筋膜张肌
  - **股中间肌***
  - **股直肌**
  - **股外侧肌**
  - **股内侧肌**

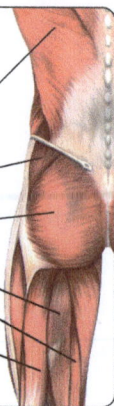

- **背面**
  - 背阔肌
  - 臀中肌
  - 臀大肌
  - **半腱肌**
  - **半膜肌**
  - **股二头肌**

身体直立向上跳

落地时保持身体平稳

聚焦羽毛球

1. 本练习是针对性提升脚步蹬伸主导的快速移动能力的训练,可以强化向心 - 离心收缩的转化效率,从而提升球员在球场上脚步的灵敏性。
2. 本练习可以提升球员在球场上连续移动的能力。

避免

1. 落地时膝关节超过脚尖。
2. 落地时身体无法保持稳定。

目标锻炼肌群

股二头肌
半膜肌
半腱肌
股直肌
股中间肌
股外侧肌
股内侧肌
腓肠肌
比目鱼肌

提高难度

向前迈出右脚自然下落时,单脚着地支撑身体,落地后双臂快速摆起,单脚起跳,跳过栏架。单脚着地可增加身体的不稳定性,提高动作难度。

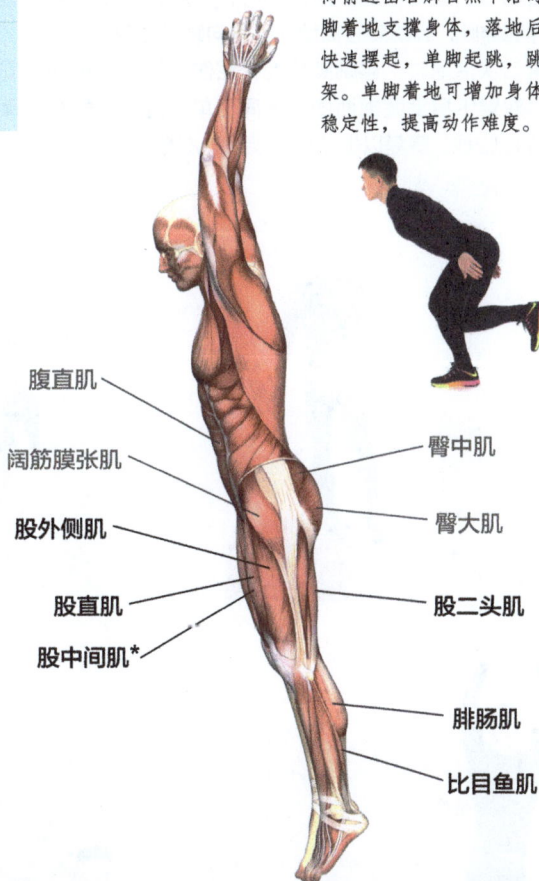

腹直肌

阔筋膜张肌

股外侧肌

股直肌

股中间肌*

臀中肌

臀大肌

股二头肌

腓肠肌

比目鱼肌

益处

- 提高下肢的力量和爆发力

有下列问题时不建议做此项练习

- 膝关节问题
- 踝关节问题

栏架－单脚跳－横向

1. 单腿直立姿站在跳箱上，靠近栏架一侧的腿悬空，双臂置于髋部两侧，背部挺直，腹部收紧。
2. 侧向跳下跳箱，屈髋屈膝落地缓冲的同时双臂下摆至髋部两侧，悬空腿的脚着地，并做好快速起跳的准备。
3. 落地后，双臂快速上摆的同时，以手臂带动身体快速伸髋伸膝，起跳脚蹬离地面，侧向跳过栏架。
4. 第二次落地时，起跳脚着地，屈髋屈膝落地缓冲的同时双臂下摆至髋部两侧，呈同侧单腿运动姿站立，保持1到2秒。重复以上动作至规定的次数。

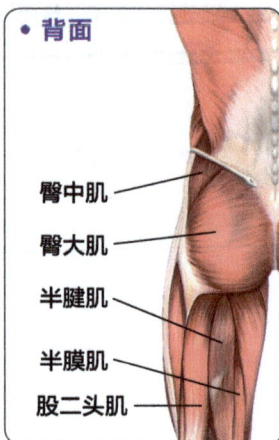

• 背面

臀中肌

臀大肌

半腱肌

半膜肌

股二头肌

起跳时保持身体展开

落地时保持身体平稳

聚焦羽毛球

1. 本练习是针对性提升脚步蹬伸主导的快速移动能力的训练，可以强化向心－离心收缩的转化效率，从而提升球员在球场上脚步的灵敏性。
2. 本练习可以提升球员在球场上连续移动的能力。

避免

1. 落地时膝关节超过脚尖。
2. 落地时身体无法保持身体稳定。

目标锻炼肌群

臀大肌
臀中肌
股直肌
股中间肌
股内侧肌
股外侧肌
股二头肌
半膜肌
半腱肌
腓肠肌
胫骨前肌

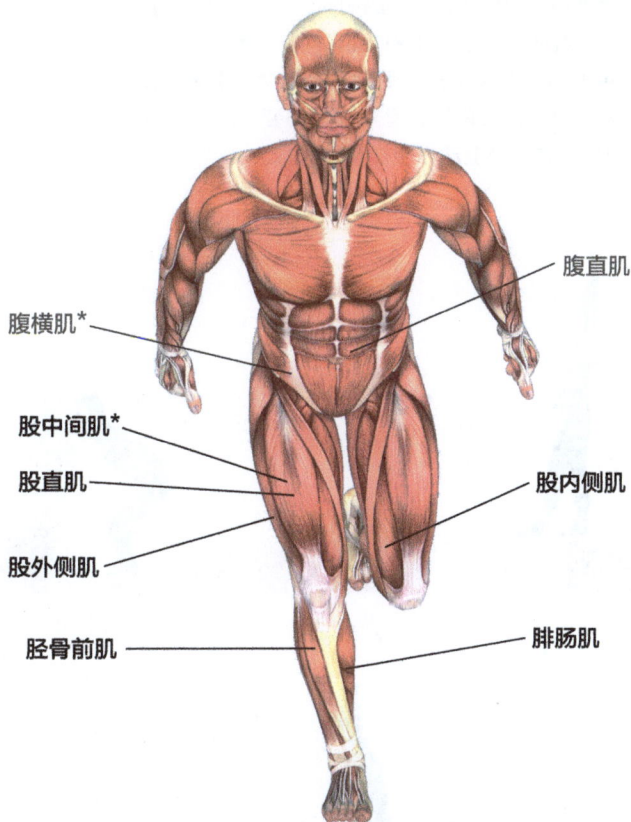

腹直肌

腹横肌*

股中间肌*

股直肌

股外侧肌

胫骨前肌

股内侧肌

腓肠肌

益处

· 提高下肢的力量和爆发力

有下列问题时不建议做此项练习

· 膝关节问题
· 踝关节问题

跳箱 – 双脚跳 – 纵向

1. 单腿直立姿站在跳箱上，面向另一个跳箱，双臂伸直举过头顶，背部挺直，腹部收紧。
2. 向前迈出右脚，自然下落，屈髋屈膝落地缓冲的同时双臂下摆至髋部两侧，双脚着地，做好快速起跳的准备。
3. 落地后，双臂快速上摆的同时，以手臂带动身体快速伸髋伸膝，双脚蹬离地面，向前跳上跳箱。
4. 跳上另一个跳箱时，屈膝屈髋落地缓冲的同时双臂下摆至髋部两侧，呈双脚运动姿站立，保持1到2秒。重复以上动作至规定的次数。

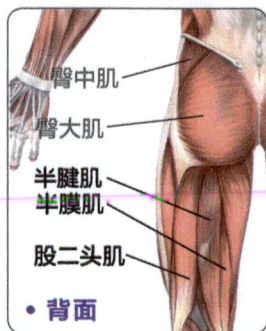

• **正面**

阔筋膜张肌
股中间肌*
股直肌
股外侧肌
股内侧肌

臀中肌
臀大肌
半腱肌
半膜肌
股二头肌

• **背面**

双脚落在两跳箱中间

跳上跳箱时保持身体稳定

聚焦羽毛球

1. 本练习是针对腿部离心－向心收缩转换能力的训练，可以缩短腿部的制动－启动的转换时间，提高球员在球场上连续移动的能力和连续爆发力的输出能力。
2. 本练习可以提升落地时膝关节的稳定性，降低膝关节发生损伤的概率。

避免

1. 落地或跳上跳箱时脚趾或脚跟着地。
2. 运动过程中弓背。

目标锻炼肌群

股直肌
股中间肌
股外侧肌
股内侧肌
股二头肌
半腱肌
半膜肌

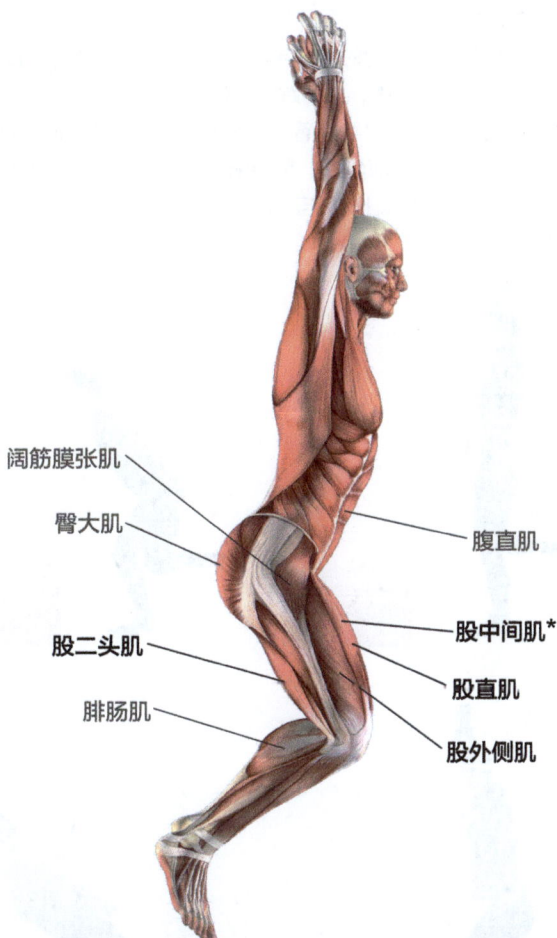

阔筋膜张肌
臀大肌
股二头肌
腓肠肌

腹直肌
股中间肌*
股直肌
股外侧肌

益处

- 提高下肢的力量和爆发力

有下列问题时不建议做此项练习

- 膝关节问题
- 踝关节问题

跳箱－单脚跳－纵向

1. 单腿直立站姿，面向跳箱，非支撑腿抬离地面，双臂伸直举过头顶，保持掌心相对，背部挺直，腹部收紧。
2. 屈髋屈膝的同时双臂下摆至髋部两侧，做好快速起跳的准备。
3. 双臂快速上摆同时，以手臂带动身体快速伸髋伸膝，起跳脚蹬离地面，向前跳上跳箱。
4. 跳上跳箱时，起跳脚着地，屈膝屈髋落地缓冲的同时双臂下摆至髋部两侧，呈同侧单腿运动姿站立，保持1到2秒。重复以上动作至规定的次数。

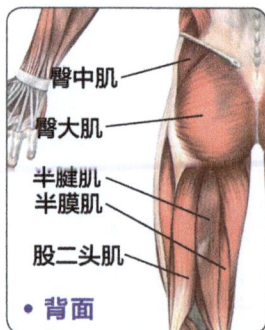

• **正面**
阔筋膜张肌
股中间肌*
股直肌
股外侧肌
股内侧肌

臀中肌
臀大肌
半腱肌
半膜肌
股二头肌
• **背面**

跳上跳箱时保持
身体平稳

聚焦羽毛球

1. 本练习是针对腿部离心－向心收缩转换能力的训练，可以缩短腿部的制动－启动的转换时间，提高球员在球场上连续移动的能力和连续的爆发力输出的能力。
2. 本练习可以提升落地时膝关节的稳定性，降低膝关节发生损伤的概率。

避免

1. 跳上跳箱时身体无法保持稳定。
2. 运动过程中弓背。

目标锻炼肌群

臀大肌
臀中肌
股直肌
股中间肌
股内侧肌
股外侧肌
股二头肌
半膜肌
半腱肌

降低难度

若单脚跳箱无法掌控身体平衡，可以降低动作难度，做双脚跳箱动作。

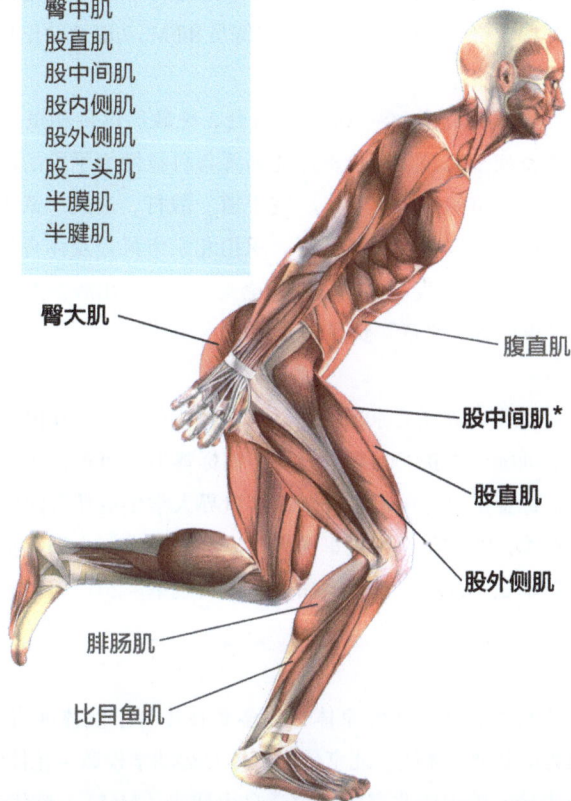

臀大肌
腹直肌
股中间肌*
股直肌
股外侧肌
腓肠肌
比目鱼肌

益处

· 提高下肢的力量和爆发力

有下列问题时不建议做此项练习

· 膝关节问题
· 踝关节问题

作者简介

黄岩，运动人体科学硕士，北京市体育科学研究所运动生物力学学术组组长，什刹海体育运动学校数字化体能训练中心负责人；国家体育总局教练员学院科学体能训练专家讲师；国家体育总局体能教练员资格考试认证考官；获得美国身体功能训练学院EXOS-III运动表现高级教练员讲师、美国人体运动表现学院IHP-MMA（综合格斗）运动表现高级教练员和FMS功能性动作筛查高级认证。

参与过3届全运会、北京奥运会、伦敦奥运会和里约奥运会的大赛备战工作，主要负责体能训练与科技助力手段的应用部分。同时，从2012年至今，负责北京跆拳道、拳击、空手道、散打、击剑、武术、羽毛球、高尔夫球青少年运动员的二级选材的科研部分。承担北京市科委及体育局局属课题10余项，参与奥运会攻关课题2项；发表会议、期刊论文10余篇，出版个人译著2本，参与编著、译著10余本。"五四青年奖章"获得者。

陈天宇，现任北京羽毛球队男队教练员，目前在国家队负责林丹的训练。曾获2004年世界青年锦标赛男团冠军，2008年全国青年锦标赛甲组男单冠军，2011年世界大学生运动会团体冠军、男单季军，2007年全国冠军赛男单季军，2006年全国青年锦标赛甲组男单亚军，2011年全国锦标赛男团冠军。2012年至2014年期间，为女单教练组成员。

李杭杰，毕业于北京体育大学竞技体育学院体能班，研究方向为运动训练体能。北京什刹海体育运动学校数字化体能训练中心成员，曾担任北京体育大学自由搏击（MMA）校代表队体能训练师。获得2018年全国教练员岗位培训考试国家体育总局认证，2018年全国竞技体育科学化训练高级研修班认证，2018年NSCA专业体能测试方法与应用培训认证，2019年Top Support国际运动表现与康复体能教练员培训认证和2019年北京红十字会应急救护培训认证。